青少年信息学奥林匹克竞赛实战辅导丛书

程序设计与应用
习题解析

（中学·PASCAL）

林厚从　主编

东南大学出版社
·南　京·

内 容 提 要

程序设计涉及语言、环境和应用三个方面，学习程序设计的关键在于融合这三个方面的系统化思维方法。体会和掌握这些思维方法的关键是做一定量的、针对性的、有效的上机训练题，不管是教师上课选择讲解的例题，还是课后布置给学生完成的带有实战背景的训练习题。

本书紧密围绕“程序＝算法＋数据结构”这一核心思想，结合《程序设计与应用》的重点和难点知识，选择了大量经典的、实战性极强的习题进行了深入剖析。从每个题目的题义分析到算法设计，从绘制流程图到具体的语句实现，从朴素算法到算法的适当优化和比较分析，从每个变量的解释到采用的数据结构的含义和操作，试图让读者全方位地体会到“程序是怎样炼成的”。

本书主要面向广大中小学学生学习程序设计的教学和训练，同时也非常适合普通高等学校本专科学生学习程序设计课程的参考用书。对一般的程序设计爱好者，也可以选择本书作为自学之用，或者通过完成书中的题目来检验自己的程序设计能力。

图书在版编目(CIP)数据

程序设计与应用习题解析. 中学·PASCAL / 林厚从主编. —南京：东南大学出版社，2010.6(2014.5 重印)
(青少年信息学奥林匹克竞赛实战辅导丛书)
ISBN 978-7-5641-2170-9

Ⅰ.①程… Ⅱ.①林… Ⅲ.①PASCAL 语言—程序设计—解题—青少年读物 Ⅳ.①TP311.1-44

中国版本图书馆 CIP 数据核字(2010)第 068994 号

东南大学出版社出版发行
(南京四牌楼 2 号 邮编 210096)
出版人：江建中
江苏省新华书店经销 常州市武进第三印刷有限公司印刷
开本：787 mm×1092 mm 1/16 印张：15.50 字数：387 千字
2010 年 6 月第 1 版 2014 年 5 月第 3 次印刷
ISBN 978-7-5641-2170-9
印数：5001—6500 册 定价：33.00 元

(凡因印装质量问题，可直接向发行科调换。电话：025—83795801，网址：press.seu.edu.cn)

丛书序

得益于计算机工具的特殊结构，以计算机技术为核心的信息技术现在已在整个社会发展中起到了其重要的作用。同时，由于信息技术的本质在于不断创新，因而人们将 21 世纪称之为信息世纪。根据人类生理特征，青少年时期正处于思维活跃、充满各种幻想的黄金年代，孕育着创新的种子和潜能。长期的实践活动告诉我们，青少年信息学奥林匹克竞赛可以让广大的青少年淋漓尽致地展现其思维的火花，享受创新带来的美感。因此，该项活动得到了全国各地广大青少年朋友的喜爱，越来越多的青少年朋友怀着浓厚的兴趣加入到这项活动中来。

从本质上看，计算机学科是一种思维学科，正确地思维训练可以播种持续创新的优良种子。相对于其他学科的竞赛，信息学竞赛覆盖知识面更为宽广，涉及数学、数据结构、算法、计算几何、人工智能等相关的专业知识。如何在短时间内有效地掌握这些知识的主体，并能灵活地应用其解决实际问题，显然是一个值得认真思考的问题。

知识学习与知识应用基于两种不同的思维策略，尽管这两种策略的统一本质上依赖于选手自身的领悟，但是如何建立两种策略之间的桥梁、快速地促进选手自身的领悟，显然是教材以及由其延伸的教学设计与实施过程所应考虑的因素。竞赛训练有别于常规的教学，要在一定的时间内得到良好的效果，需要有一定的技术方法，而不应拘泥于规范。从学习的本质看，各种显性知识的学习是相对容易的。或者说，只要时间允许，总是可以消化和理解的。然而，隐性知识的学习和掌握却是较难的。由于隐性知识的学习对竞赛和能力的提高起到决定性的作用，因此，仅仅依靠选手自身的感悟，而不能从隐性知识的层面重新组织知识体系，有目的地辅助选手自身的主动建构，显然是不能提高竞赛能力的。基于上述认识，结合多年来开展青少年信息学竞赛活动的经验，我们组织了一批有长期一线教学经验的教练员和专家、教授，编写出版了这套《青少年信息学奥林匹克竞赛实战辅导丛书》。

丛书的主要特点如下：

1. 兼顾广大青少年课外学习时间的短暂与知识内容较多的矛盾，考虑我国青少年信息学竞赛的特点和安排，丛书分为四个层次，分别面向日常常规训练、数据结构与数学知识强化、重点专题解析和精选试题解析，既考虑知识体系的系统性及连续训练的特点，又考虑各个层次选手独立训练的需要。

2. 区别于常规的教学模式，丛书中每册书的体系设计以实战需要为核心主线，突出重点，整个体系从逻辑上构成符合某种知识体系学习规律的系统化结构。

3. 围绕实战辅导需求，在解析知识和知识应用关系所蕴涵的递归思维策略的基础上，重构知识点关系，采用抛锚式和支架式并重教学思路，突出并强化知识和知识应用两者之间的联系。

4. 在显性知识及其关系基础上，强调知识应用模式及其建构的学习方法的教学，注重学习思维和能力的训练，实现知识应用能力和竞赛能力的提高，强化从程序设计及应用的角度来进行训练的特点。

5. 整套丛书的设计，不仅注重竞赛实战的需要，还考虑选手未来的发展，强调计算机程序设计正确思维的训练和培养，以不断建立持续创新的源泉。

值此邓小平同志"计算机的普及要从娃娃抓起"重要讲话发表25周年之际，我们期望以此奉献给广大读者朋友一套立意新、选材精、内容丰富的青少年信息学奥赛读本。

本套丛书的编写与出版，得到了东南大学出版社的大力支持，在此表示感谢！

沈　军　李立新　王晓敏

2008年12月

前　言

学习程序设计的关键是方法和思想，尤其是在中小学起步阶段，教学的重点应该放在培养学生浓厚的编程兴趣、良好的编程习惯和科学的算法思想上，要避免繁杂的概念和次要知识，抓住核心的、主要的知识点开展教学。同时，一定量的上机训练也是体会和掌握程序设计的必由之路。所以，教师选择讲解的例题和带有实战背景的训练习题就显得尤为重要。基于此，我们组织了江苏省几位优秀的信息学奥赛教练员，编写了基于 PASCAL 语言的《程序设计与应用》教材和配套习题解析。

本书紧密围绕"程序＝算法＋数据结构"这一核心思想，结合《程序设计与应用》的重点和难点，对大量经典的、实战性的习题进行了深入剖析，从每个题目的题义分析到算法设计，从绘制流程图到具体的语句实现，从朴素算法到算法的适当优化和比较分析，从每个变量的解释到采用的数据结构的含义和操作，试图让读者全方位地体会到"程序是怎样炼成的"。

由于水平有限，书中难免有不当之处，恳请谅解，也欢迎广大读者批评指正，不胜感激！

编　者

2010 年 4 月

目　录

第 1 章　程序设计基础

1.1　已知梯形的上底 a、下底 b 和高 h，求梯形的面积，请用自然语言和流程图分别描述求解算法。

[问题解析]

本题考察了顺序结构的算法设计与流程图。

1. 自然语言描述如下：

(1) 从键盘输入梯形的上底 a、下底 b 和高 h；

(2) 利用公式 $S=(a+b)*h/2$ 计算梯形的面积；

(3) 输出该梯形的面积 S。

2. 流程图描述如下：

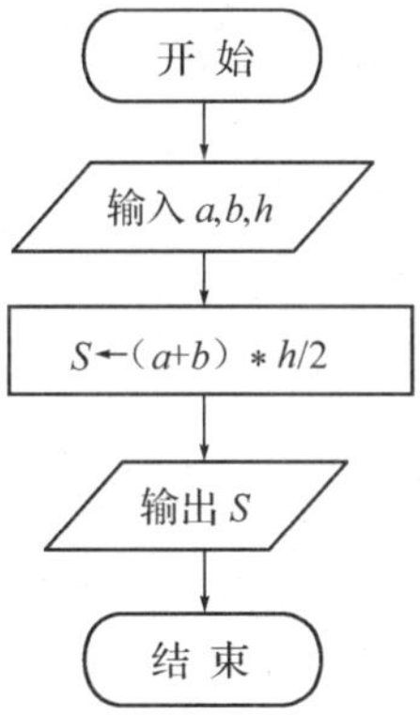

图 1-1

1.2　输入 a、b、c 三个整数，输出其中的最大数，请用自然语言和流程图分别描述求解算法。

[问题解析]

本题考察了分支结构的算法设计与流程图，有多种做法，请读者思考，下面给出一种最常用的做法。

1. 自然语言描述如下：

(1) 从键盘输入三个整数 a、b、c；

(2) 如果 $a>b$，那么 $max \leftarrow a$，否则 $max \leftarrow b$；

(3) 如果 $c>max$，那么 $max \leftarrow c$；

(4) 输出 max 的值。

2. 流程图描述如下：

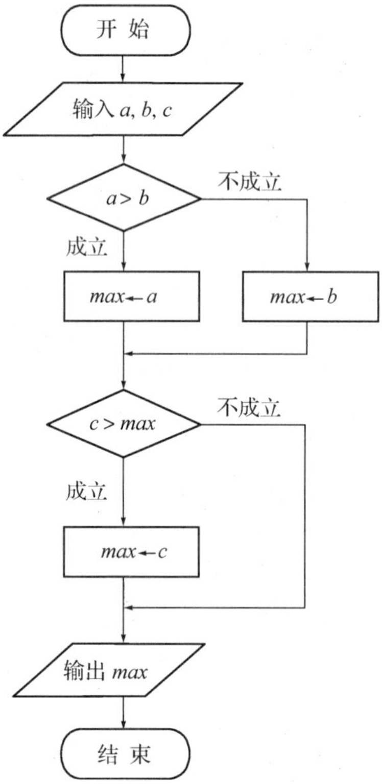

图 1－2

1.3　求 1＋4＋7＋…＋100 的和，请用自然语言和流程图分别描述求解算法。

［问题解析］

本题考察了循环结构的算法设计与流程图，是由求“1＋2＋3＋…＋100”问题改编而来，只要把其中的步长 i 每次加 3 即可。

1. 自然语言描述如下：

(1) $sum \leftarrow 0$；

(2) $i \leftarrow 1$；

(3) 如果 $i>100$，那么转(6)；

(4) $sum \leftarrow sum+i$；

(5) $i \leftarrow i+3$，转(3)继续；

(6) 输出 sum 的值。

2. 流程图描述如下：

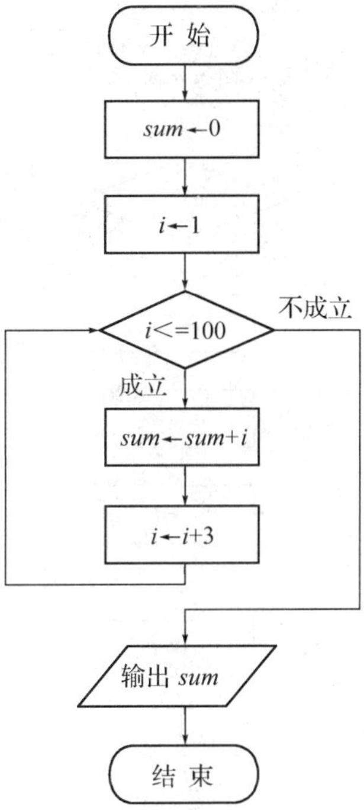

图 1-3

1.4　输入 m、n 两个自然数，输出它们的最小公倍数，请用自然语言和流程图分别描述求解算法。

[**问题解析**]

本题考察了循环结构的算法设计与流程图，至少有以下三种做法。

1. 穷举法

主要思想是取 m、n 中的较大者(假设为 m)，依次判断 m、$m+1$、$m+2$…一直到 $m*n$，第一个满足条件的就是它们的最小公倍数。自然语言描述如下：

(1) 输入 m 和 n 的值；

(2) 如果 $m<n$，那么交换 m 和 n 的值($t \leftarrow m$，$m \leftarrow n$，$n \leftarrow t$)；

(3) $k \leftarrow m$；

(4) 如果 k 是 n 的倍数，那么转(6)；

(5) $k \leftarrow k+1$，转(4)继续；

(6) 输出最小公倍数 k。

流程图如下：

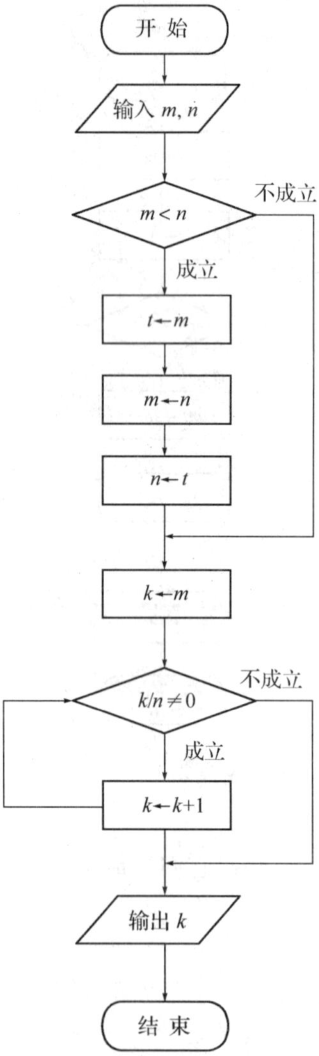

图 1 - 4

2. 倍增法

是对穷举法的优化，主要思想是取 m、n 中的较大者（假设为 m），依次判断 m 的一倍、二倍、三倍……是不是 n 的倍数，第一个满足条件的就是它们的最小公倍数，最

坏情况为 m 的 n 倍。自然语言描述如下：

(1) 输入 m 和 n 的值；

(2) 如果 $m<n$，那么交换 m 和 n 的值（$t\leftarrow m, m\leftarrow n, n\leftarrow t$）；

(3) $k\leftarrow m$；

(4) 如果 k 是 n 的倍数，那么转(6)；

(5) $k\leftarrow k+m$，转(4)继续；

(6) 输出最小公倍数 k。

流程图如下：

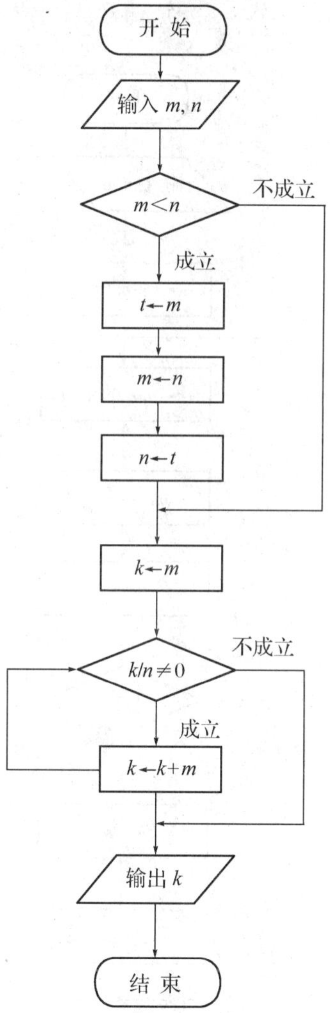

图 1－5

3. 利用数学上的结论"两个整数的乘积等于它们的最大公约数乘以它们的最小公倍数"，通过先求出最大公约数再来得出最小公倍数。自然语言描述如下：

(1) 输入 m 和 n 的值；

(2) $k \leftarrow m * n$；

(3) 求 m 除以 n 的余数 r；

(4) $m \leftarrow n$、$n \leftarrow r$；

(5) 如果 r 不等于 0，则转(3)继续；

(6) $k \leftarrow k/n$；

(7) 输出最小公倍数 k。

流程图如下：

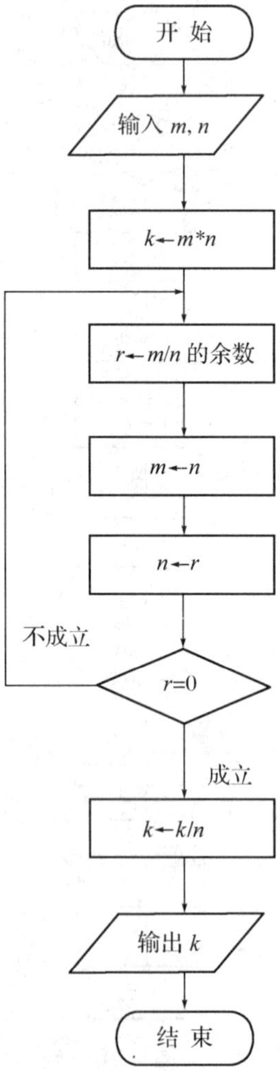

图 1－6

第 2 章　Pascal 的基本语法

一、选择题

1. 下列常量定义中正确的是　（　）

A. const d=40 or d=100　B. const s:0.5

C. const s=2.15　D. const s:=(2>5)

2. 下列变量说明中，不合法的是　（　）

A. var a=real

B. var r:real

C. var red:integer

D. var s1,s2:integer

3. 表达式 35 div 3 mod 4 的值是　（　）

A. 0　B. 2　C. 3　D. 6

4. 表达式 sqrt(abs(-100) * sqr(round(3.7)))的值是　（　）

A. 30　B. 40　C. 30.0　D. 40.0

[答案及分析]

1. C，常量定义的格式为：const 常量名 = 值(或表达式)
2. A，变量定义的格式为：var 变量名：变量类型
3. C
4. D

二、计算下列表达式的值

1. 100/5+2 * 30
2. 15/5 * 4
3. 66 div 7 mod 6
4. trunc(17/3)
5. int(17/3)

［答案及分析］

1. 80（实数）
2. 12（实数）
3. 3
4. 5
5. 5

三、把下列代数式表示成 Pascal 表达式

1. xy^3
2. ax^2+bx+c
3. $\frac{n*(n+1)}{a+b}$
4. $\frac{\sqrt{s(s-a)(s-b)(s-c)}}{2}$

［答案及分析］

1. x＊y＊y＊y
2. a＊x＊x＋b＊x＋c
3. n＊(n＋1)/(a＋b)
4. sqrt(s＊(s－a)＊(s－b)＊(s－c))/2

四、找出下列程序中的错误

1.
```
program work2_1(input,output);
  const x:=1;
  var x,y:integer;
  begin
    readln(x);
    y:=x/3;
    writeln(x,y);
  end.
```

［错误分析］

const x:＝1;应该改为 const x＝1;

由于存在语句 y:＝x/3;所以 y 要单独定义成 real 类型。

2.
```
program work2_2(input,output);
  var a,b:integer;
  begin
```

```
    a:=1.2;
    b:='A';
  end.
```

[错误分析]

a应该定义成实数类型 real,b应该定义成字符类型 char。

五、阅读程序,写出运行结果

1.
```
program work2_3(input,output);
var x,y:integer;
begin
  x:=1;
  y:=2;
  x:=x+y;
  y:=x-y;
  x:=x-y;
  write(x,' ',y);
end.
```

[运行结果及分析]

输出 1 2

三个语句:x:=x+y;y:=x-y;x:=x-y;是交换变量x、y的另一种方法。

2.
```
program work2_4(input,output);
var a,b,c,m,n:integer;
begin
  m:=234;
  a:=m div 100;
  b:=(m div 10) mod 10;
  c:=m mod 10;
  n:=c*100+b*10+a;
  write(n);
end.
```

[运行结果及分析]

输出 432

程序的作用是把一个三位数分解后再组成一个新数(原来的倒序)。

六、编程解决以下问题

1. 输入一个长方形的长和宽，计算它的周长和面积。

［参考程序］

```
program work2_5(input,output);
var x,y,c,s:integer;
begin
  readln(x,y);          //从键盘读入长和宽
  c:=2*(x+y);           //周长等于2倍的长加宽
  s:=x*y;               //面积等于长乘以宽
  writeln(c,' ',s);     //输出周长和面积
end.
```

2. 输入 x 的值，分别输出 x^2、x^3、x^4、$x+x^2+x^3$ 的值。

［参考程序］

```
program work2_6(input,output);
var x:integer;
begin
  readln(x);
  writeln(sqr(x));
  writeln(sqr(x)*x);
  writeln(sqr(x)* sqr(x));
  writeln(x+sqr(x)+sqr(x)*x);
end.
```

第 3 章　Pascal 的基本语句

3.1　输入梯形的上底 a、下底 b 和高 h，输出该梯形的面积。

[思路点拨]

根据第 1 章中的算法分析和描述，问题已经很简单了，用到读入语句、输出语句和赋值语句。

[参考程序]

```
program work3_1(input,output);
var a,b,h,s:real;
begin
  readln(a,b,h);
  s:=(a+b)*h/2;
  writeln(s:8:2);
end.
```

[程序测试]

输入：

4 6 5

输出：

25.00

3.2　随机产生一个三位自然数，分离并输出它的百位、十位与个位上的数字。

提示：Pascal 提供了一个标准函数 random，作用是产生一个 0 到 1 之间的随机实数(包括 0，不包括 1)。一个三位自然数是 100～999 之间的整数，产生此范围内的随机整数的方法是：trunc(random * 900)+100)。

[思路点拨]

在《程序设计与应用(中学・PASCAL)》第二章习题 2－5 的第 2 小题中已经出现过类似问题，主要就是利用 mod 和 div 运算。

［参考程序］

```
program work3_2(input,output);
var a,b,c,m:integer;
begin
  randomize;                //在使用 random 函数前,必须先调用随机化过程
  m:=trunc(random * 900)+100;    //也可以写成 m:=random(900)+100;
  a:=m div 100;
  b:=(m div 10) mod 10;
  c:=m mod 10;
  writeln(a,' ',b,' ',c);
end.
```

［程序测试］

输入：

无

输出：

每运行一次程序，输出任意一个三位数的百、十、个位。

3.3 输入一个数，如果是正数，就输出它的平方根；如果是负数，就输出它的绝对值。

［思路点拨］

注意本题没有涉及 0 的情况，所以容易犯的错误是直接用一个 if... then... else... 语句做，其实只要用两个简单的 if 语句分别判断正负即可。

［参考程序］

```
program work3_3(input,output);
var x:real;
begin
  readln(x);
  if x>0 then writeln(sqrt(x):8:1);
  if x<0 then writeln(abs(x):8:1);
end.
```

［程序测试］

输入：

89

输出：

9.4

输入：
－100
输出：
100.0

3.4　输入两个大写字母，按字典顺序输出。

［思路点拨］

定义两个字符型变量，直接比较大小进行输出。字符的大小就是以 ASCII 码大小为准，也就是字典顺序。

［参考程序］

```
program work3_4(input,output);
var a,b:char;
begin
  readln(a,b);
  if a<b then writeln(a,b) else writeln(b,a);
end.
```

［程序测试］

输入：
AS
输出：
AS

输入：
CA
输出：
AC

3.5　某店举行“购物打折”活动。规定购物总价不超过 100 元时按 9 折付款，如超过 100 元，则超过部分按 7 折付款。请编写一个程序帮助超市完成打折结账。

［思路点拨］

本题容易错的就是超过 100 元时，超过部分打 7 折，而忽略了基准的 100 元也要打 9 折(即 90 元)。

［参考程序］

```
program work3_5(input,output);
var t,m:real;
begin
  readln(t);                        //读入原价
  if t<=100 then m:=t*0.9 else m:=90+(t-100)*0.7;
                                    //计算打折后的总价
  writeln(m:8:2);                   //输出
end.
```

［程序测试］

输入：

85

输出：

76.50

输入：

200

输出：

160.00

3.6　阅读下面的程序，分别写出输入12、－4和0时的运行结果。

```
program work3_6(input,output);
var x:integer;
    y:real;
begin
    write('input x:');
    readln(x);
    if x>=0 then y:=sqrt(x+4) else y:=abs(x-1);
    writeln('x=',x,'y=',y);
end.
```

［运行结果］

输入：

12

输出：

x=12 y=4

输入：
-4
输出：
x=-4 y=5

输入：
0
输出：
x=0 y=2

3.7　输入三角形的 3 个边长，判断它是直角三角形、等边三角形还是普通三角形。

[思路点拨]

本题已经假设是一个三角形了，所以只要判断它的 3 条边的关系，是否满足直角三角形(勾股定理：$a^2+b^2=c^2$)或等边三角形($a=b=c$)，都不满足就当作是普通三角形。主要考查分支结构的嵌套。

[参考程序]

```
program work3_7(input,output);
var a,b,c:integer;
begin
      readln(a,b,c);
    if (a+b<=c) or (a+c<=b) or (b+c<=a)
                                          //判断输入数据是否错误，不能构成三角形
      then writeln('Data input error')
      else if (sqr(a)+sqr(b)=sqr(c)) or (sqr(a)+sqr(c)=sqr(b)) or
(sqr(b)+sqr(c)=sqr(a)) //不能确定斜边是哪个，可能有 3 种情况，所以用 or 运算
            then writeln('Zhijiao')
            else if (a=b) and (a=c)   //不能写成连等于的形式 a=b=c
                  then writeln('Dengbian')
                  else writeln('Putong');
end.
```

［程序测试］

输入：

1 2 3

输出：

Data input error

输入：

5 3 4

输出：

Zhijiao

输入：

3 3 3

输出：

Dengbian

输入：

4 6 7

输出：

Putong

3.8　从键盘输入 3 个整数，按从小到大的顺序输出。

［思路点拨］

本题的方法也比较多，既可以直接比较三个数的大小关系，按要求输出；也可以通过交换三个数，使得 $a<=b<=c$，然后依次输出 a、b、c。下面的程序给出的是后一种方法，其中考查到了复合语句、交换两个数、if 语句及其嵌套等知识点。

［参考程序］

```
program work3_8(input,output);
var a,b,c,t:integer;
begin
  readln(a,b,c);
  if a>b then begin t:=a;a:=b;b:=t;end;          //保证 a<=b
  if c<a then begin t:=c;c:=b;b:=a;a:=t;end      //把 c 插在 a 前面
```

```
        else if c<b then begin t:=b;b:=c;c:=t;end;
                                                        //把 c 插在 a 和 b 之间
    writeln(a,' ',b,' ',c);
end.
```

[**程序测试**]

输入：
3 2 1
输出：
1 2 3

输入：
3 1 2
输出：
1 2 3

输入：
1 3 2
输出：
1 2 3

输入：
1 2 3
输出：
1 2 3

输入：
3 2 2
输出：
2 2 3

3.9　从键盘输入一个字符，如果是'Y'，则再换一行输入一个正数，表示一个圆的半径，计算并输出此圆的周长和面积；如果是'S'，则再换一行输入 3 个用空格隔开的正数，表示一个三角形的 3 个边长，计算并输出此三角形的周长和面积；若输入是'J'，则再换一行输入 2 个用空格隔开的正数，表示一个矩形的长和宽，计算并输出此矩形的周长和面积。

［思路点拨］

本题带有简单的交互性，只要利用 3 条 if 语句分别判断处理即可。其中还考查了圆、三角形、矩形的周长和面积计算公式，尤其是三角形面积计算公式（海伦公式）为：$s=\sqrt{(p(p-a)(p-b)(p-c))}$，其中 p 称为半周长，即 $p=(a+b+c)/2$。

［参考程序］

```
program work3_9(input,output);
const pi=3.1415926;
var ch:char;
    r,a,b,c,p:real;
begin
  writeln('please input one character:');
                                          //增加屏幕上的提示信息，以增强交互性
  readln(ch);
  if ch='Y' then begin                  //圆
                writeln('please input radius of circle:');
                readln(r);
                writeln('zhouchang=',2*pi*r:8:1);
                writeln('mianji=',pi*r*r:8:1);
              end;
  if ch='S' then begin                  //三角形
                writeln('please input 3 edges of triangle:');
                readln(a,b,c);
                writeln('zhouchang=',a+b+c:8:1);
                p:=(a+b+c)/2;        //计算半周长
                writeln('mianji=',sqrt(p*(p-a)*(p-b)*(p-c)):8:1);
              end;
  if ch='J' then begin                  //矩形
                writeln('please input length&width of rectangle:');
                readln(a,b);
                writeln('zhouchang=',2*a*b:8:1);
                writeln('mianji=',a*b:8:1);
              end;
  readln;                               //停在屏幕看结果，按任意键返回程序
```

end.

[**程序测试**]　注意输入字母的大小写

输入：

please input one character：

Y

please input radius of circle：

5

输出：

zhouchang=　　31.4

mianji=　　78.5

输入：

please input one character：

S

please input 3 edges of triangle：

3 4 5

输出：

zhouchang=　　12.0

mianji=　　6.0

输入：

please input one character：

J

please input length&width of rectangle：

5.5 12

输出：

zhouchang=　　132.0

mianji=　　66.0

3.10　输入两个正整数 A、B，A 不大于 31，B 不超过三位数。使 A 在左，B 在右，拼接成一个新数 C，再输出 C 的值。例如 $A=2$，$B=16$，则 C 为 216。若 $A=18$，$B=467$，则 C 为 18467。

[**思路点拨**]

本题就是要对 B 值范围进行分类处理，如果 B 是一位数，则结果就是 $A*10+$

B;如果 B 是两位数,则结果就是 $A*100+B$;否则(B 是三位数)结果就是 $A*1000+B$。之所以 A 不大于 31,是为了最后的结果不超过 integer 类型的范围。

[参考程序]

```
program work3_10(input,output);
var a,b,c:integer;
begin
  writeln('please input a&b(a≤31):');
  readln(a,b);
  if b<10 then c:=a*10+b
          else if b<100 then c:=a*100+b
                        else c:=a*1000+b;
  writeln(c);
end.
```

[程序测试]

输入:

12　3

输出:

123

输入:

9　10

输出:

910

输入:

31 321

输出:

31321

3.11　小林有 69 元钱,准备全部购买笔。店里有 8 元、6 元、5 元、4 元一支的四种笔。请编程,在 8 元一支的笔必须购买一支的前提下,使购买的笔数量最多,而钱又恰好用完,输出此时购买的各种笔的数量。

[思路点拨]

8 元的笔必须买一支,所以只要考虑剩下的 61 元钱买哪些笔。显然要尽量买便宜的(4 元一支的)，如果最后剩 1 元钱，则应该少买一支 4 元的而去买一支 5 元的；如果最后剩 2 元钱，则应该少买一支 4 元的而去买一支 6 元的；如果最后剩 3 元钱，则应该少买两支 4 元的而去各买一支 5 元的和 6 元的。

［参考程序］

```
program work3_11(input,output);
var money,total:integer;
begin
  money:=69-8;
  writeln('8 yuan: 1');                          //先买一支 8 元的
  if money mod 4 = 0                             //全部买 4 元的
    then writeln('4 yuan:',money div 4)
    else if money mod 4 = 1                      //买一支 5 元的
          then begin
                 writeln('4 yuan:',money div 4 - 1);
                 writeln('5 yuan: 1');
               end
          else if money mod 4 = 2 then begin     //买一支 6 元的
                      writeln('4 yuan:', money div 4-1);
                      writeln('6 yuan: 1');
                    end
                  else begin          //各买一支 5 元和 6 元的
                      writeln('4 yuan:', money div 4-2);
                      writeln('5 yuan: 1');
                      writeln('6 yuan: 1');
                    end;
  writeln('max =   ',money div 4 + 1);             //输出笔的总数
  readln;
end.
```

［程序测试］

输入：

无

输出：

8 yuan: 1

4 yuan:14

```
5 yuan：1
max =   16
```

3.12 从键盘输入任意一个字符，判断并输出是大写字母、小写字母、数字还是其他特殊字符。

［思路点拨］

由于字符型是有序类型，所以定义一个字符型变量 ch，如果'A'<= ch <='Z'，则 ch 是大写字母；如果'a'<= ch <='z'，则 ch 是小写字母；如果'0'<= ch <='9'，则 ch 是数字；否则是其他特殊字符。当然也可以通过比较字符的 ASCII 码值（ord(ch)）来判断，ord(ch)在 65～90 之间的为大写字母，在 97～122 之间的为小写字母，在 48～57 之间的为数字。

［参考程序］

```
program work3_12(input,output);
var ch:char;
begin
  readln(ch);
  if (ch>='A') and (ch<='Z')      //注意不能写成'A'<= ch <= 'Z'
    then writeln('DXZM')
    else if (ch>='a') and (ch<='z')
           then writeln('XXZM')
           else if (ch>='0') and (ch<='9')
                  then writeln('SHUZI')
                  else writeln('OTHER');
  readln;
end.
```

［程序测试］

输入：

A

输出：

DXZM

输入：

m

输出：

XXZM

输入：
5
输出：
SHUZI

输入：
@
输出：
OTHER

3.13　使用 case 语句实现"输入一个年份，判断并输出它是否是闰年"。

［**思路点拨**］

程序设计与应用教材上已经分析过用 if 语句求解本题的方法，这儿只是换一种语句实现。

［**参考程序**］

```
program work3_13(input,output);
var year:integer;
begin
  write('please input year:');
  readln(year);
  case year mod 4 of
     1,2,3:writeln('no');
         0:if (year mod 100<>0) or (year mod 400=0) then writeln('yes')
                                                     else writeln('no');
  end;
  readln;
end.
```

［**程序测试**］

输入：
2010
输出：
no

输入：
2012
输出：
yes

3.14 了解我国个人所得税的税率，再编程输入一个人的收入，输出他应交纳的个人所得税。

[思路点拨]

目前，我国的个人所得税起征点为2000元，也就是说月收入2000元以内是不用交个税的，超过2000元的部分税率如下表：

级数	收入	税率(%)
1	不超过500元的	5
2	超过500元至2,000元的部分	10
3	超过2,000元至5,000元的部分	15
4	超过5,000元至20,000元的部分	20
5	超过20,000元至40,000元的部分	25
6	超过40,000元至60,000元的部分	30
7	超过60,000元至80,000元的部分	35
8	超过80,000元至100,000元的部分	40
9	超过100,000元的部分	45

现在，我们把问题简化，只考虑前3级，超过5000就都按20%算，问题就只需要用if语句的嵌套解决。

[参考程序]

```
program work3_14(input,output);
var a:real;
begin
  write('please input shouru:');
  readln(a);
  if a<=2000
    then writeln('      0.00')
    else if a<=2500
           then writeln((a-2000)*0.05:8:2)
           else if a<=4000
```

```
          then writeln(500 * 0.05+(a-2500) * 0.10:8:2)
          else if a<=7000
                  then writeln (500 * 0.05+1500 * 0.10+(a-4000) *
                                0.15:8:2)
                  else writeln (500 * 0.05+1500 * 0.10+3000 * 0.15+
                                (a-7000) * 0.2:8:2);
  readln;
end.
```

[程序测试]

输入：

please input shouru:10000

输出：

1225.00

输入：

please input shouru:3000

输出：

   75.00

输入：

please input shouru:5500

输出：

  400.00

输入：

please input shouru:1500

输出：

     0.00

3.15　输入一个年和月，输出该年该月的天数。

[思路点拨]

某年某月的天数分为以下 3 种情况：

1. 每年的 1,3,5,7,8,10,12 这七个月每月都为 31 天；
2. 每年的 4,6,9,11 这四个月每月都为 30 天；

3. 2月份的情况比较复杂，分为两种情况：闰年为29天，平年为28天。

然后问题就变成了一个case语句分3种情况分别进行处理。对于第3种情况，还要用if语句判断是否为闰年。

［参考程序］

```
program work3_15(input,output);
var year,month,len:integer;
begin
   write('please input year&month:');
   readln(year,month);
   case month of
       1,3,5,7,8,10,12: len:=31;
              4,6,9,11: len:=30;
                     2: if (year mod 4 = 0) and (year mod 100<>0) or
                                                        (year mod 400=0)
                           then len:=29
                           else len:=28
   end;
   writeln(len);
   readln;
end.
```

［程序测试］

输入：

please input year&month:2010 2

输出：

28

输入：

please input year&month:2009 12

输出：

31

输入：

please input year&month:2008 2

输出：

29

输入：
please input year&month:2010 4
输出：
30

3.16　编程计算并输出 1＋1/2＋1/3＋…＋1/100。

[思路点拨]

用一个 for 循环语句，穷举分数的分母 i(1～100)，每次做累加操作 s:=s+1/i。

[参考程序]

```
program work3_16(input,output);
var i:integer;
    s:real;
begin
  s:=0;
  for i:=1 to 100 do
    s:=s+1/i;
  writeln(s:10:6);
end.
```

[程序测试]

输入：
　　无
输出：
　5.187378

3.17　编程计算并输出 12＋22＋32＋…＋1002。

[思路点拨]

用一个 for 循环语句穷举 i(12～1002)，如果 i 的个位是 2(即 i mod 10 = 2)，则累加 s:=s+i。如果学完了 while 和 repeat 循环语句，则也可以通过每次步长加 10 的方法做。另外一点要注意的是结果会超过 integer 的范围，所以要定义成 longint 类型。

[参考程序]

```
program work3_17(input,output);               //用 for 循环做
var i,s:longint;
```

```
begin
  s:=0;
  for i:=12 to 1002 do
    if i mod 10=2 then s:=s+i;
  writeln(s);
end.
program work3_17b(input,output);              //用 while 循环做
var i,s:longint;
begin
  s:=0;
  i:=12;
  while i<=1002 do
  begin
    s:=s+i;
    i:=i+10;
  end;
  writeln(s);
end.
```

［程序测试］

输入：

无

输出：

50700

3.18 编程计算并输出 $n!$，$1\leqslant n\leqslant 20$，提示：$n!=1\times 2\times 3\times\cdots\times n$。

［思路点拨］

$n!$ 读成 n 的阶乘。本题和计算“$1+2+3+\cdots+n$”的做法一样，只是每次做的操作是累乘（$s:=s*i$），同时还要注意 s 的初值应该赋值为 1，阶乘结果比较大，即使是 13！=6227020800 也大于 maxlongint=2147483647，可以定义成更大的整数类型 int64。

［参考程序］

```
program work3_18(input,output);
var i,n:integer;
    s:int64;
```

```
begin
  write('please input n(1<=n<=20):');
  readln(n);
  s:=1;
  for i:=1 to n do
    s:=s*i;
  writeln(s);
end.
```

[**程序测试**]

输入:

please input n(1<=n<=20):10

输出:

3628800

输入:

please input n(1<=n<=20):20

输出:

2432902008176640000

3.19　编程计算并输出 1－1/2＋1/3－1/4＋…－1/100。

[**思路点拨**]

本题与第 16 题基本一样,只要在每一项前增加一个符号位 f,初始值为 1,每次循环做 f:=f*(－1)实现正负交替。

[**参考程序**]

```
program work3_19(input,output);
var i,f:integer;
    s:real;
begin
  s:=0;
  f:=1;
  for i:=1 to 100 do
  begin
    s:=s+f/i;
    f:=-f;
```

```
  end;
  writeln(s:10:6);
end.
```

[程序测试]

输入：

无

输出：

0.688172

3.20　编程计算并输出 1+1/2+2/3+3/5+…前 20 项的和。

[思路点拨]

我们发现从第 3 项开始，每一项的分子为前一项的分母，而分母为前一项的分子加分母。算法实现时只要用两个变量“迭代”处理，即假设前一项为 a/b，则执行：t:=a;a:=b;b:=t+a;就可以得到当前项 a/b。

[参考程序]

```
program work3_20(input,output);
var a,b,t,i:integer;
    s:real;
begin
  s:=1;                                  //初值已包括第 1 项
  a:=1;b:=2;                             //第 2 项
  for i:=2 to 20 do
  begin
    s:=s+a/b;                            //累加当前项
    t:=a;                                //迭代求第 3 项
    a:=b;
    b:=t+a;
  end;
  writeln(s:10:6);
end.
```

[程序测试]

输入：

无

输出：

12.660201

3.21　编程输入整数 n($n<=20$)，计算并输出 $1+2+2^2+2^3+2^4+\cdots+2^n$的和。

［思路点拨］

本题可以直接穷举幂 i(从 $0\sim n$)，不断累加每一项 2^i，但是由于循环体中还要嵌套一个循环计算 2^i，所以效率不高。更好的方法是设一个变量 t 存放当前累加的项，每次累加后顺便求出下一项 t:=t*2，这样只要一重循环即可。其实，根据数学上的公式，$1+2+2^2+2^3+2^4+\cdots+2^n$就等于 $2^{n+1}-1$。

［参考程序］

```
program work3_21a(input,output);          //朴素的方法
var n,i,j:integer;
    s,t:int64;
begin
  readln(n);
  s:=1;
  for i:=1 to n do                        //外层循环穷举项数
  begin
    t:=1;
    for j:=1 to i do                      //内层循环穷举每一项的幂
      t:=t*2;
    s:=s+t;
  end;
  writeln(s);
end.

program work3_21b(input,output);          //优化 1
var n,i:integer;
    s,t:int64;
begin
  readln(n);
  s:=1;
  t:=1;
  for i:=1 to n do
  begin
```

```
    t:=t*2;                                  //根据前一项计算当前项
    s:=s+t;                                  //累加
  end;
  writeln(s);
end.

program work3_21c(input,output);             //优化 2
var n,i:integer;
    s:int64;
begin
  readln(n);
  s:=1;
  for i:=1 to n+1 do                         //计算 2^(n+1)
  begin
    s:=s*2;
  end;
  s:=s-1;
  writeln(s);
end.
```

［**程序测试**］

输入：

2

输出：

7

输入：

10

输出：

2047

3.22　编程输入一个自然数 $x(x<=10000)$，求这个自然数的所有约数(包括 1 和 x 本身)之和。

［**思路点拨**］

穷举一个数 x 的约数，每次累加。因为题目约定约数一定包含 1 和它本身，所以只要从 2 到 $x/2$ 即可。

[参考程序]

```
program work3_22(input,output);
var x,total,i:integer;
begin
  readln(x);
  write('yueshu=1+');
  total:=1+x;                          //先累加上 1 和 x 本身
  for i:=2 to x div 2 do               //穷举约数
    if x mod i = 0 then begin
                      total:=total+i;
                      write(i,'+');
                    end;
  writeln(x,'=',total);
end.
```

[程序测试]

输入：

10

输出：

yueshu=1+2+5+10=18

输入：

100

输出：

yueshu=1+2+4+5+10+20+25+50+100=217

3.23　编程输出 100 以内(包括 100)，既能被 3 整除又能被 7 整除的自然数。

[思路点拨]

穷举 1～100 之间的所有自然数 i，看是否满足(i mod 3=0) and (i mod 7=0)，满足就输出 i。其实，由于 3 和 7 都是质数，所以只要判断 i mod 21=0 是否成立即可。

[参考程序]

```
program work3_23(input,output);
var i:integer;
begin
```

```
  for i:=1 to 100 do
    if (i mod 3=0) and (i mod 7=0) then writeln(i);
  readln;
end.
```

［程序测试］

输入：

　　无

输出：

21

42

63

84

3.24　输入 20 个数，输出其中的最大数和最小数。

［思路点拨］

本题可以采用"打擂台"的思想，一边读入一边比较得出最大数和最小数。具体来说，设变量 *max* 用来存放最大数，一开始假设第 1 个数 *x* 最大（即 max:=x;），然后读入下一个数 *x*，比较 *x* 和 *max* 的大小，如果 $x>max$，则更新最大值（即 max:=x;），一共比较 19 次即可得到最大值了。求最小数的思想与最大数一样。

［参考程序］

```
program work3_24(input,output);
var i,x,max,min:integer;
begin
  readln(x);
  max:=x;                          //max 存放最大值
  min:=x;                          //min 存放最小值
  for i:=2 to 20 do                //重复 19 次判断
  begin
    readln(x);
    if x>max then max:=x;          //打擂台
    if x<min then min:=x;
  end;
  writeln('max=',max);
  writeln('min=',min);
```

```
end.
```

［程序测试］

输入：

```
12
1
23
3
123
12
123
23
3456
23
23
1
12
12
123
45
56
78
90
777
```

输出：

```
max=3456
min=1
```

3.25　有 n 个学生参加英语考试。现在输入 n($n\leqslant 20$)及 n 个人的成绩(0 到 100 之间的整数)，请编程统计并输出 60 分以下、60～69、70～79、80～89、90～100 各档分数的人数。

［思路点拨］

定义 5 个计数器分别保存各个分数段的人数，每次读入一个学生的成绩就进行判断，给相应的计数器加 1，最后分别输出即可。

[参考程序]

```
program work3_25(input,output);
var n,i,x,t1,t2,t3,t4,t5:integer;
begin
  writeln('input n:');
  readln(n);
  t1:=0;t2:=0;t3:=0;t4:=0;t5:=0;
  writeln('input ',n,' ge score:');
  for i:=1 to n do
  begin
    readln(x);
    if x<60 then t1:=t1+1;
    if (x>=60) and (x<70) then t2:=t2+1;
    if (x>=70) and (x<80) then t3:=t3+1;
    if (x>=80) and (x<90) then t4:=t4+1;
    if x>=90 then t5:=t5+1;
  end;
  writeln('<60    :',t1);
  writeln('60~69 :',t2);
  writeln('70~79 :',t3);
  writeln('80~89 :',t4);
  writeln('90~100:',t5);
end.
```

[程序测试]

输入：

```
input n:
20
input 20 ge score:
100
90
80
70
60
50
```

40
49
59
69
79
89
99
60
68
90
99
98
78
79

输出：

<60　:4
60～69 :4
70～79 :4
80～89 :2
90～100:6

3.26　从键盘输入 n 个整数，输出其中的最大数，整数均在 0 到 10000 之间。

［思路点拨］

本题与 24 题基本一样，请阅读参考程序。

［参考程序］

```
program work3_26(input,output);
var i,n,x,max:integer;
begin
  writeln('input n:');
  readln(n);
  writeln('input ',n,' ge data:');
  readln(x);
  max:=x;                              //max 存放最大值
  for i:=2 to n do                     //重复 n-1 次判断
```

```
  begin
    readln(x);
    if x>max then max:=x;                    //打擂台
  end;
  writeln('max=',max);
end.
```

[**程序测试**]

输入：

```
input n:
20
input 20 ge data:
12
1
23
3
123
12
123
23
3456
23
23
1
12
12
123
45
56
78
90
777
```

输出：

```
max=3456
```

3.27 要求用 5 元钱正好买 100 只纽扣，其中金属纽扣每只 5 角，有机玻璃纽扣每只 1 角，塑料纽扣 1 分钱买 3 个，方案唯一吗？请编程输出各种纽扣各买了多少只？

［思路点拨］

本题与我国古老的数学问题"百钱买百鸡"类似，方法都是用三重循环穷举，本题分别穷举三种纽扣的数量，金属纽扣从 0 到 10，有机玻璃纽扣从 0 到 50，塑料纽扣从 0 到 1500 且必须为 3 的倍数，看它们的总价是否满足 5 元且数量是否正好为 100 只。也可以优化成两重循环做。

［参考程序］

```
program work3_27a(input,output);              //朴素的方法
var i,j,k:integer;
begin
  for i:=0 to 10 do                           //穷举金属纽扣
    for j:=0 to 50 do                         //穷举有机玻璃纽扣
      for k:=0 to 1500 do                     //穷举塑料纽扣
        if (i+j+k=100) and (i*150+j*30+k*1=1500) then writeln(i,
          ' ',j,' ',k);
              //前一个条件判断是否正好是 100 只纽扣，后一个条件判断总
                价是否为 5 元，为了避免除法等号左右两边都放大了 3 倍
  readln;
end.

program work3_27b(input,output);              //优化为两重循环
var i,j,k:integer;
begin
  for i:=0 to 10 do
    for j:=0 to 50 do
    begin
      k:=100-i-j;                             //直接计算塑料纽扣的数量
      if i*150+j*30+k*1=1500 then writeln(i,' ',j,' ',k);
                                              //只要判断总价即可
    end;
  readln;
end.
```

［程序测试］

输入：

无

输出：

2 38 60

3.28　编程求出满足下列式子的 n 的最大值：$2^2+4^2+6^2+\cdots+n^2<1500$。

［思路点拨］

由于不确定循环的次数，所以考虑用 while 和 repeat 循环做。给整型变量 s、n 分别赋初值 0，当 $s<1500$ 时，重复执行 $n:=n+2$ 和 $s:=s+n^2$，用 while 语句实现；或者重复执行 $n:=n+2$ 和 $s:=s+n^2$，直到 $s>=1500$ 时为止，用 repeat 语句实现。需要注意的是，不论哪种方法，循环结束后输出的结果应该是 $n-2$，因为结束循环的前提就是 s 大于等于 1500 了，所以应该把 n 减去 2。

［参考程序］

```
program work3_28a(input,output);             //用 while 循环做
var i,total:integer;
begin
  total:=0;
  i:=0;
  while total<1500 do
  begin
    i:=i+2;
    total:=total+i*i;
  end;
  writeln('n=',i-2);
  readln;
end.

program work3_28b(input,output);             //用 repeat 循环做
var i,total:integer;
begin
  total:=0;
  i:=0;
  repeat
```

```
    i:=i+2;
    total:=total+i*i;
  until total>=1500;
  writeln('n=',i-2);
  readln;
end.
```

［程序测试］

输入：

　　无

输出：

　　n=18

3.29　小猴摘了一大堆桃子，第一天吃了一半，还嫌不过瘾，又吃了一个。第二天又吃了剩下的一半多一个，……，以后每天如此，到了第十天，猴子一看只剩下一个桃子了。它想知道最初有多少个桃子？请编程帮他计算出来。

［思路点拨］

由于最初的桃子个数不清楚（正是问题所求），所以我们反过来推导。

第 10 天，桃子数为 1 个；

第 9 天，桃子数为 4 个，吃了 2 个加 1 个，所以第 10 天的桃子数才为 1 个；

第 8 天，桃子数为 10 个，吃了 5 个加 1 个，所以第 9 天的桃子数才为 4 个；

第 7 天，桃子数为 22 个，吃了 11 个加 1 个，所以第 8 天的桃子数才为 10 个；

……

所以，可以归纳出，第 i 天的桃子数为：后一天桃子数的 2 倍加 2 个。

程序实现时，只要根据第 10 天的桃子数（$n=1$），穷举天数（从 9 到 1）计算出每天的桃子数即可。

［参考程序］

```
program work3_29(input,output);
var n,total:integer;
begin
  total:=1;                          //到了第 10 天就剩下 1 只桃子
  for n:=9 downto 1 do               //倒过来计算每天一开始有的桃子数
    total:=total*2+2;
  writeln('total=',total);
  readln;
```

```
end.
```

[程序测试]

输入：

无

输出：

Total=1534

3.30 编程输出如下平行四边形图案。

```
          @@@@@@@
        @@@@@@@
      @@@@@@@
    @@@@@@@
  @@@@@@@
```

[思路点拨]

打印这种有规律的字符图形的方法都一样，只要处理好三个问题：一是每行前面的空格对齐，二是每行的个数，三是换行问题。

[参考程序]

```
program work3_30(input,output);
var   i,j:integer;
begin
  for i:=1 to 5 do          {共5行}
  begin
    write(' ':20-2*i);          {每行先输出20-2*i个空格，实现对齐的效果}
    for j:=1 to 7 do write('@'); {每行输出7个字符@}
    writeln;                          {换行}
  end;
  readln
end.
```

[程序测试]

输入：

无

输出：

同样例

3.31　编程输出如下菱形图案。

```
        1
       1 2 1
      1 2 3 2 1
     1 2 3 4 3 2 1
    1 2 3 4 5 4 3 2 1
     1 2 3 4 3 2 1
      1 2 3 2 1
       1 2 1
        1
```

[**思路点拨**]

本题分成上下两部分分别编程输出即可，上面 5 行，下面 4 行。

[**参考程序**]

```
program work3_31(input,output);
var   i,j:integer;
begin
  for i:=1 to 5 do          {上面 5 行}
  begin
    write(' ':20-2*i);      {每行先输出 20-2*i 个空格，实现对齐的效果}
    for j:=1 to i do write(j:2);{每行先输出 1 到 i}
    for j:=i-1 downto 1 do write(j:2);  {再输出 i-1 到 1}
    writeln;                               {换行}
  end;
  for i:=4 downto 1 do      {下面 4 行}
  begin
    write(' ':20-2*i);
    for j:=1 to i do write(j:2);
    for j:=i-1 downto 1 do write(j:2);
    writeln;
  end;
  readln
end.
```

[**程序测试**]

输入：

无

输出：

同样例

3.32　有 A、B、C、D、E 五本书，要分给张、王、刘、赵、钱五位同学看，每人只能选一本，事先让每个人把自己喜爱的书填于下表，请编程找出一种让每个人都满意的方案。

	A	B	C	D	E
张			√	√	
王	√	√			√
刘		√	√		
赵	√	√		√	
钱		√			√

［**思路点拨**］

本题的难点在于在 Pascal 中如何表示和处理字符及中文信息。我们分别用 1～5 表示 a～e 五本书，定义五个整数变量 z、w、l、zh、q 分别表示张、王、刘、赵、钱选择的数的编号(1～5)，然后只要分别穷举 5 个人的选择，看各种选法是否能让每个人满意，如果满意就输出一种方案。本题的方案不唯一，所以设一个变量 total 来计数，下面的程序把所有的方案均输出。

［**参考程序**］

```
program work3_32(input,output);
var z,w,l,zh,q,total:integer;
begin
  total:=0;                        //计数器清零
  for z:=3 to 4 do                 //穷举张
    for w:=1 to 5 do               //穷举王
      if (w<>3) and (w<>4) then
      for l:=2 to 3 do             //穷举刘
        for zh:=1 to 4 do          //穷举赵
          if zh<>3 then
          for q:=2 to 5 do         //穷举钱
            if (q<>3) and (q<>4) then
            begin
              if (z+w+l+zh+q=15) and (z*w*l*zh*q=120) then
                          //因为 5 个人的选择必然是 1～5 的一个排列，所
```

```
                    以通过5个数的和与乘积就能判断出
          begin
            writeln('zhang:',chr(z+64));
            writeln('wang:',chr(w+64));
            writeln('liu:',chr(l+64));
            writeln('zhao:',chr(zh+64));
            writeln('qian:',chr(q+64));
            writeln;
            total:= total+1;              //计数
          end;
        end;
  write('total=',total);
end.
```

[**程序测试**]

输入：

无

输出：

```
zhang:C
wang :A
liu  :B
zhao :D
qian :E

zhang:D
wang :A
liu  :C
zhao :B
qian :E

zhang:D
wang :B
liu  :C
zhao :A
qian :E
```

```
zhang:D
wang :E
liu  :C
zhao :A
qian :B

total=4
```

3.33 数学上的"完全数"是指真因子之和等于它本身的自然数，如 6=1+2+3，所以 6 是一个完全数。编程输出 10000 以内的所有完全数。

[**思路点拨**]

首先，用 for 循环穷举 2 到 10000 之间的每个数 *i*，看它是否满足"所有真因子之和等于它本身"，满足就输出该数并累加到计数器。其次，在循环体内再用一个 for 循环穷举 *i* 的所有因子并累加到 *sum* 中，然后判断 *sum* 是否等于 *i*，等于就是"完全数"。

[**参考程序**]

```
program work3_33(input,output);
var i,j,total,sum:integer;
begin
  total:=0;                                    //计数器
  for i:=2 to 10000 do                         //穷举，1 不是完全数
  begin
    sum:=1;                                    //累加器
    for j:=2 to i div 2 do                     //穷举真因子
      if i mod j=0 then sum:=sum+j;            //累加
    if i=sum then begin                        //是完全数
                    writeln(i);
                    total:=total+1;
                  end;
  end;
  writeln('total=',total);
end.
```

[**程序测试**]

输入：

无

输出：
6
28
496
8128
total=4

3.34　统计 1 到 10000000 之间只含有数字 0 和 1 的这样的数的个数，如 1、10、11、100 等。

[思路点拨]

首先想到的方法是“穷举法”，对于 1 到 10000000 之间的每个数 i，判断它是否只包含数字 0 和 1，是则计数器加 1。如何判断一个数中只包含 0 和 1 呢？很简单，只要通过 i mod 10，不断截取它的个位并进行判断即可。

其次，本题还可以采用“构造法”，从 $i=1$ 开始，分别给 i 的尾部加上一个 0 或 1 得到两个新数，计数器累加。直到构造的数超过终值 10000000，算法效率要比穷举法高得多。

[参考程序]

```
program work3_34(input,output);
var total,i,j:longint;
    y:boolean;
begin
  total:=0;                  //计数器清零
  for i:=1 to 10000000 do    //穷举
  begin
    j:=i;                    //为了不破坏 i 的值,把 i 暂存给 j
    y:=true;                 //表示是否满足条件,一开始是满足的
    while y and (j<>0) do    //y=true 表示前面没发现不是 0 和 1 的数字
    begin
      if (j mod 10 <> 0) and (j mod 10 <> 1) then y:=false;
                             //个位不是 0 和 1
      j:=j div 10;           //j 减少一位
    end;
    if y then begin          //满足要求就输出并计数
             //  writeln(i);
             total:=total+1;
```

```
        end;
    end;
    writeln('total=',total);
end.
```

［程序测试］

输入：

无

输出：

total=128

［变形拓展］

其实，我们不断调整穷举的边界 10000000 至 10、100、1000、10000、100000、1000000，会发现答案分别为 2、4、8、16、32、64，你找到规律了吗！

3.35 一个自然数转换成二进制数后，如果 1 的个数比 0 的个数多，则称为 A 类数，否则称为 B 类数。输入 $n(n<10000)$，输出 1 到 n 之间 A 类数、B 类数各多少个？

［思路点拨］

首先，要知道如何将一个十进制自然数转换成二进制数，方法是“除以 2 求余数，倒序输出”。如 13 转换成二进制数的方法示意如图 3－1，结果为 $13=(1101)_2$。

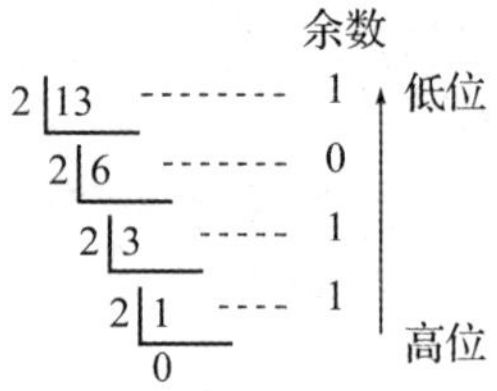

图 3－1 进制转换示意图

其次，一个数要么是“A 类数”，要么是“B 类数”，所以两类数的个数和等于 n，因此我们只要统计出“A 类数”的个数(*totala*)即可。

判断一个数 i 是否是“A 类数”时，只要设两个计数器 *one*、*zero* 分别统计 i 转换成的二进制数中 1 的个数和 0 的个数，初始值设为 0。每做一次除法，根据余数为 1 和 0 的情况，分别对 *one* 或 *zero* 累加 1，直到 i 为 0 结束循环。最后，如果 *one*>*zero* 则说明 i 是“A 类数”，把 *totala* 加 1。

［参考程序］

```
program work3_35(input,output);
var n,totala,totalb,one,zero,i,k:integer;
begin
```

```
  readln(n);
  totala:=0;totalb:=0;
  for i:=1 to n do
  begin
    one:=0;zero:=0;
    k:=i;
    while k<>0 do
    begin
      if k mod 2=1 then one:=one+1 else zero:=zero+1;
      k:=k div 2;
    end;
    if one>zero then totala:=totala+1;
  end;
  totalb:=n-totala;
  writeln('totala=',totala,'totalb=',totalb);
end.
```

[**程序测试**]

输入:

10

输出:

totala=5　totalb=5

输入:

1000

输出:

totala=538　totalb=462

输入:

9999

输出:

totala=5133　totalb=4866

第 4 章　数组及其应用

4.1　求一个 3 * 3 矩阵的对角线元素之和。

[**思路点拨**]

如图 4-1 所示的 3 * 3 的矩阵，带 * 的位置上的元素就是对角线元素。对于一个 $n*n$ 的矩阵，其对角线元素 $a[i,j]$ 的特点是 $i=j$ 或者 $i+j=n+1$。题目很容易，只要定义一个 3 * 3 的二维数组，读入数据后，把 5 个元素的值相加即可。

*		*
	*	
*		*

图 4-1

[**参考程序**]

```
program work4_1(input,output);
var a:array[1..3,1..3] of longint;
    i,j,s:longint;
begin
  for i:=1 to 3 do                                   //读入 3 * 3 的矩阵
    for j:=1 to 3 do
      read(a[i,j]);
  readln;                                             //换行
  s:=0;                                               //累加器清零
  s:=a[1,1]+a[2,2]+a[3,3]+a[3,1]+a[1,3];              //累加
  writeln('sum=',s);
end.
```

[**程序测试**]

输入：

1 2 3

4 5 6
7 8 9
输出：
sum=25

[**变形拓展**]　求 $n*n(n<=100)$ 的矩阵的所有对角线元素之和。

```
program work4_1b(input,output);
var a:array[1..100,1..100] of longint;
    n,s,i,j:longint;
begin
  readln(n);                         //读入矩阵的大小
  for i:=1 to n do                   //读入 n*n 的矩阵
    for j:=1 to n do
      read(a[i,j]);
  readln;
  s:=0;                              //累加器清零
  for i:=1 to n do s:=s+a[i,i]+a[i,n-i+1];
                                     //累加所有的对角线元素
  if n mod 2=1 then s:=s-a[n div 2+1,n div 2+1];
                                     //如果矩阵长度 n 为奇数，则其正中间的元素
                                       被多加了一次，所以还要再减去
  writeln('sum=',s);
end.
```

4.2　删除一维数组 a 中下标为 k 的元素。

[**思路点拨**]

先输入数组长度 n 和给定的下标 k，再依次输入 n 个数组元素。想要将下标为 k 的元素删除，只要把下标从 $k+1$ 到 n 的元素依次向前移一格。最后再输出剩下的 $n-1$ 个数组元素。

[**参考程序**]

```
program work4_2(input,output);
var a:array[1..10000] of longint;
    n,k,i,j:longint;
begin
  readln(n,k);
```

```
  for i:=1 to n do read(a[i]);
  readln;
  for i:=k to n-1 do a[i]:=a[i+1];
                        //从 k+1 到 n,依次把每个元素前移一个位置
  for i:=1 to n-1 do
    if i=n-1 then writeln(a[i]) else write(a[i],' ');
end.
```

[程序测试]

输入：

5 3

6 4 7 2 1

输出：

6 4 2 1

输入：

7 2

4 2 5 5 7 8 1

输出：

4 5 5 7 8 1

4.3　分别统计一个字符串中大写字母和小写字母的个数。例如输入：AaaBBb123CCccccd,则输出结果应为：upper=5,lower=8。

[思路点拨]

本题是一个字符串统计题,只要设置两个计数器分别代表大写字母和小写字母的个数,使用一个循环逐个判断字符串中的每个字符是否是大写或小写字母,分别累加到计数器中,最后输出即可。字符串在 Pascal 中本质上就是数组,所以字符串 *s* 的第 *i* 个元素,就是 *s*[*i*]。本题还用到字符串的一个函数 *length*(*s*),作用是求字符串的长度(字符个数)。

[参考程序]

```
program work4_3(input,output);
var i,a,b:integer;
    s:string;
begin
  writeln('please input a string:');
```

```
  readln(s);
  a:=0;                           //大写字母计数器初始化
  b:=0;                           //小写字母计数器初始化
  for i:=1 to length(s) do        //逐个字符进行判断
  begin
    if (s[i]>='A') and (s[i]<='Z') then a:=a+1;           //是大写字母
    if (s[i]>='a') and (s[i]<='z') then b:=b+1;           //是小写字母
  end;
  writeln('upper=',a,',lower=',b);
end.
```

[**程序测试**]

输入:

abcCCEEEFFF4345FFwNNBtHGyg

输出:

upper=15,lower=7

4.4　输入两个自然数 m、n($1<=m,n<=10^8$),输出 m/n 的结果,要求精确到小数点后 50 位,并考虑到四舍五入的因素。如 1/3=0.3333…,小数点后有 50 个 3。

[**思路点拨**]

用 a 数组存储最后的结果(即每一位上的数字),a[0]为 m/n 的整数部分,a[1]到 a[51]为小数点后第 1 位到第 51 位的数字。一开始 a[0]:=m div n;m:=m mod n。然后,i 从 1 开始到 51,每次模拟除法竖式运算,即:每次将 m 乘以 10;给 $a[i]$赋值为 m div n;再将 m 赋值为 m mod n。

最后处理一下四舍五入问题,如果 a[51]大于 4,则 a[50]加 1,再逐位从后往前处理进位。

[**参考程序**]

```
program work4_4(input,output);
var a:array[0..51] of longint;
    i,m,n:longint;
begin
  readln(m,n);
  fillchar(a,sizeof(a),0);        //给数组赋初值 0,相当于 for i:=0 to 51 do a
                                    [i]:=0;
  a[0]:=m div n;                  //整数部分
```

```
  m:=m mod n;                           //余数部分
  for i:=1 to 51 do                     //模拟 51 次竖式除法
  begin
    m:=m*10;                            //先放大 10 倍
      a[i]:=m div n;                    //求出一位小数
      m:=m mod n;                       //求出余数,为下一步做准备
  end;
  if a[51]>=5 then a[50]:=a[50]+1;      //第 51 位的四舍五入
  for i:=50 downto 1 do                 //从后往前依次处理进位
  begin
    a[i-1]:=a[i-1]+a[i] div 10;         //加上下一位的进位值
    a[i]:=a[i] mod 10;                  //下一位取余
  end;
  write(a[0],'.');                      //输出整数部分和小数点
  for i:=1 to 50 do write(a[i]);        //输出小数部分
  writeln;
end.
```

[程序测试]

输入：

4 7

输出：

0.57142857142857142857142857142857142857142857142857

输入：

456456 34543

输出：

13.21413889934284804446631734360072952551891844946878

4.5　读入一行英文文本，将其中每个单词的最后一个字母改成大写，然后输出此文本(这里的"单词"是指由空格隔开的字符串，当然有时一个单词的后面可能是标点符号)。若输入"I am a student To take the examination."，则应输出"I aM A studenT TO takE thE examinatioN."。

[思路点拨]

本题的难点在于如何确定"每个单词的最后一个字母"。其实只要从前往后逐个

处理每个字符，如果这个字符后面的字符不是字母，当前的字符一定是单词的最后一个字母，就将它变成大写。最后重新输出字符串即可。当然，还有一个细节容易忽略，就是最后一个单词的最后一个字母。将一个小写字母变成大写字母，只要通过 chr 和 ord 函数，即 c:=chr(ord(c)-32)。

［参考程序］

```
program work4_5(input,output);
var s:string;
    i:integer;
begin
  readln(s);
  for i:=1 to length(s)-1 do
    if not ((s[i+1]>='a') and (s[i+1]<='z') or (s[i+1]>='A') and
          (s[i+1]<='Z')) //后一个字符不是“小写字母或大写字母”
      then                      //再判断当前字符是小写字母，就处理成大写字母
        if (s[i]>='a') and (s[i]<='z') then  s[i]:=chr(ord(s[i])-32);
  if (s[length(s)]>='a') and (s[length(s)]<='z')
    then                        //特殊处理最后一个字符是小写字母的情况
    s[length(s)]:=chr(ord(s[length(s)])-32);
  writeln(s);
end.
```

［程序测试］

输入：

Where there is a will, there is a way.

输出：

WherE therE iS A wilL, therE iS A waY.

4.6　编程将十进制正整数 m 转换成 k 进制数（$2\leqslant k\leqslant 9$）。例如输入 8 和 2，则输出 1000（即十进制数 8 转换成二进制数是 1000）。

［思路点拨］

进制转换的题目和方法在第三章已经出现过，本题只是在转换的过程中把答案的每一位都保存到数组元素中，最后一起输出而已。

［参考程序］

```
program work4_6(input,output);
var m,k,i,t:longint;
```

```
    a:array[1..100] of longint;
begin
  readln(m,k);
  t:=0;
  fillchar(a,sizeof(a),0);     //数组初始化
  while m>0 do
  begin
    t:=t+1;
    a[t]:=m mod k;             //求余数
    m:=m div k;
  end;
  for i:=t downto 1 do         //倒序输出
    if i=1 then writeln(a[i]) else write(a[i]);
end.
```

［程序测试］

输入：

1048576 9

输出：

1867344

4.7　编程输出如下所示的“蛇形数字三角形”。

要求：输入一个自然数 $n(n<30)$，表示行数，如下为 $n=9$ 的情况。输出 n 行，其中：第一行有 n 个数字，第二行有 $n-1$ 个，…，第 n 行只有一个数字；且第一行第一个为 1，以后的走向是从右上到左下，直到这样的走向不能再进行结束。

```
 1  2  4  7 11 16 22 29 37
 3  5  8 12 17 23 30 38
 6  9 13 18 24 31 39
10 14 19 25 32 40
15 20 26 33 41
21 27 34 42
28 35 43
36 44
45
```

［思路点拨］

我们把整个数字三角形看成 n 条右上角到左下角的“斜线”，第一条斜线上有一个数，第二条斜线上有两个数，…，第 n 条斜线上有 n 个数。三角形（把它再看成二维

数组)中第 i 行第 j 列的元素位于第 $i+j-1$ 条斜线上,而它的前面一共有 $i+j-2$ 条斜线,合计 $1+2+\cdots+(i+j-2)=(i+j-1)*(i+j-2)/2$ 个元素,再把 $(i+j-1)*(i+j-2)/2$ 加上 i 就是当前元素的值。所以,整个程序只要一个两重循环分别穷举行 i(从 1 到 n)和列 j(从 1 到 $n-i+1$),依次给数组元素 $a[i,j]$ 赋值。最后输出数组即可,当然也可以每求一个就直接输出,而不需要存到一个二维数组中。

对于本题,也可以采用"模拟"的方法,按照斜线的顺序和方向逐条逐个元素赋值。

[**参考程序**]

```
program work4_7(input,output);      //省略了二维数组
var n,i,j,k,t:longint;
begin
  readln(n);
  for i:=1 to n do                  //逐行计算并输出
    for j:=1 to n-i+1 do            //每行 n-i+1 个元素
    begin
      k:=i+j-1;                     //计算位于第几条斜线上
      t:=k*(k-1) div 2;             //计算前 k-1 条斜线上所有元素的和
      if j=n-i+1 then writeln(t+i) else write(t+i,' ')     //输出该元素
  end
end.
```

[**程序测试**]

```
输入:
21
输出:
1 2 4 7 11 16 22 29 37 46 56 67 79 92 106 121 137 154 172 191 211
3 5 8 12 17 23 30 38 47 57 68 80 93 107 122 138 155 173 192 212
6 9 13 18 24 31 39 48 58 69 81 94 108 123 139 156 174 193 213
10 14 19 25 32 40 49 59 70 82 95 109 124 140 157 175 194 214
15 20 26 33 41 50 60 71 83 96 110 125 141 158 176 195 215
21 27 34 42 51 61 72 84 97 111 126 142 159 177 196 216
28 35 43 52 62 73 85 98 112 127 143 160 178 197 217
36 44 53 63 74 86 99 113 128 144 161 179 198 218
45 54 64 75 87 100 114 129 145 162 180 199 219
55 65 76 88 101 115 130 146 163 181 200 220
```

66 77 89 102 116 131 147 164 182 201 221
78 90 103 117 132 148 165 183 202 222
91 104 118 133 149 166 184 203 223
105 119 134 150 167 185 204 224
120 135 151 168 186 205 225
136 152 169 187 206 226
153 170 188 207 227
171 189 208 228
190 209 229
210 230
231

4.8　验证卡布列克运算。

任意一个四位数，只要它们各个位上的数字是不全相同的，就有这样的规律：

(1) 将组成该四位数的四个数字由大到小排列，形成由这四个数字构成的最大的四位数；

(2) 将组成该四位数的四个数字由小到大排列，形成由这四个数字构成的最小的四位数，如果四个数中含有 0，则得到的数不足四位；

(3) 求两个数的差，得到一个新的四位数(高位零保留)。

重复以上过程，最后得到的结果是 6174，这个数被称为卡布列克数。请你写一个程序，计算一个四位数经过上述运算最后得到卡布列克数所需的步数。

［**思路点拨**］

按照题目要求，当前数 n 不等于 6174 时，我们就重复做以下几件事：一是利用 mod、div 运算计算出 n 的个、十、百、千位上的数字，并且存放在数组 a 中；二是对数组 a 进行排序；三是再利用数组 a 组成新的数 n；四是让计数器 s 累加 1，也可以顺便输出每一步的运算。

［**参考程序**］

```
program work4_8(input,output);
var a:array[1..4] of longint;          //用来排序的数组
    s,n,i,j,max,min:longint;
begin
  readln(n);
  s:=0;                                //计数器清零
  while n<>6174 do                     //当未找到 6174 时，重复做循环体
```

```
  begin
    fillchar(a,sizeof(a),0);          //每次给数组清零
    a[1]:=n div 1000;                 //以下4步把数n分解保存到a[1]~a[4]中
    a[2]:=n mod 1000 div 100;
    a[3]:=n mod 100 div 10;
    a[4]:=n mod 10;
    for i:=1 to 3 do                  //选择排序:从小到大
      for j:=i+1 to 4 do
        if a[i]>a[j] then
          begin n:=a[i]; a[i]:=a[j]; a[j]:=n end;
    max:=a[4]*1000+a[3]*100+a[2]*10+a[1];
    min:=a[1]*1000+a[2]*100+a[3]*10+a[4];
    n:=max-min;          //拼成一个新的数n:最大的4位数减最小的4位数
    writeln(max:4,'-',min:4,'=',n:4);     //输出一步
    s:=s+1;                               //计数器加1
  end;
  writeln('step=',s);                     //输出一共几步
end.
```

[程序测试]

输入:

```
9998
```

输出:

```
9998-8999= 999
9990- 999=8991
9981-1899=8082
8820- 288=8532
8532-2358=6174
step=5
```

输入:

```
1105
```

输出:

```
5110- 115=4995
9954-4599=5355
```

5553－3555＝1998

9981－1899＝8082

8820－ 288＝8532

8532－2358＝6174

step＝6

4.9　将1～9这9个数字分成三组(每个数字只能使用一次)，分别组成3个3位数，且这3个3位数的值构成1∶2∶3的比例，试求出所有满足条件的3个3位数。

[思路点拨]

由于3个数要满足1∶2∶3的比例，所以第1个数 i 最多只能是100到333之间，这样，我们就穷举 i，再计算出 i 的2倍之数和3倍之数，判断这3个数中出现的9个数字是否正好是1到9的一种排列，程序实现的方法是定义一个布尔型的一维数组 $q[0..9]$，并赋初值为false，$q[i]$＝false表示数字i没出现过，而 $q[i]$＝true表示数字 i 出现过，这样只要看最后的 $q[1]$～$q[9]$是不是都是true，如果满足就说明是一个解，直接输出这3个数。

[参考程序]

```
program work4_9(input,output);
var q:array[0..9] of boolean;                //判断数组
    i,j:longint;
    suc:boolean;
begin
  for i:=100 to 333 do                       //穷举第一个数
  begin
    fillchar(q,sizeof(q),false);             //每次都要初始化为 false
    q[i div 100]:=true;
                         //以下3步将i的3个数字分解出来,并标记到a数组中
    q[i mod 100 div 10]:=true;
    q[i mod 10]:=true;
    j:=i*2;     //以下3步将2*i的3个数字分解出来,并标记到a数组中
    q[j div 100]:=true;
    q[j mod 100 div 10]:=true;
    q[j mod 10]:=true;
    j:=i*3;     //以下3步将3*i的3个数字分解出来,并标记到a数组中
    q[j div 100]:=true;
```

```
    q[j mod 100 div 10]:=true;
    q[j mod 10]:=true;
    suc:=true;                                  //标志变量初始化
    for j:=1 to 9 do                            //穷举 9 个数字是不是都出现了
      if not q[j] then suc:=false;              //任意一个未出现,则一定不满足
    if suc then writeln(i,' ',i*2,' ',i*3);     //输出一组解
  end;
end.
```

[**程序测试**]

输入:

无

输出:

```
192 384 576
219 438 657
273 546 819
327 654 981
```

4.10　编程输出 $n(n<30)$ 阶蛇型方阵。如 $n=5$ 时,方阵如下:

1	2	6	7	15
3	5	8	14	16
4	9	13	17	22
10	12	18	21	23
11	19	20	24	25

[**思路点拨**]

本题和第 7 题有相似之处,左上角的三角形跟第 7 题基本一致,只是数字排列的方式是 S 型的,所以,我们依然可以统计出当前第 i 行第 j 列的元素位于的斜行数 $k=i+j-1$。如果 k 是奇数,数字就是从左下向右上递增,当前元素的值为 $k*(k-1)$ div $2+j$。如果 k 是偶数,数字就是从右上向左下递增,当前元素的值为 $k*(k-1)$ div $2+i$。

对于右下角的三角形,通过观察可以发现其中的元素与其关于矩阵中心的对称点的元素值之和为 $n*n+1$。于是,我们可以通过对称点在计算左上角元素的同时顺便计算出右下角。

[**参考程序**]

```
program work4_10(input,output);
var n,i,j,k:longint;
```

```
  a:array[1..30,1..30] of longint;
begin
  readln(n);
  fillchar(a,sizeof(a),0);   //数组初始化
  for i:=1 to n do           //逐行
    for j:=1 to n-i+1 do     //逐列
    begin
      k:=i+j-1;              //第 i 行第 j 列的元素位于第 i+j-1 条斜线上
      if k<=n then           //左上角
        if odd(k) then a[i,j]:=k*(k-1) div 2+j
                             //k 是奇数,则斜线方向为左下角到右上角
              else a[i,j]:=k*(k-1) div 2+i
                             //k 是偶数,则斜线方向为右上角到左下角
    end;
  for i:=1 to n do           //根据对称性,计算右下角部分元素值
    for j:=n-i+2 to n do
      a[i,j]:=n*n-a[n-i+1,n-j+1]+1;
  for i:=1 to n do           //输出
    for j:=1 to n do
      if j=n then writeln(a[i,j]:3)
            else write(a[i,j]:3)
end.
```

[程序测试]

输入：

15

输出：

1	2	6	7	15	16	28	29	45	46	66	67	91	92	120
3	5	8	14	17	27	30	44	47	65	68	90	93	119	121
4	9	13	18	26	31	43	48	64	69	89	94	118	122	147
10	12	19	25	32	42	49	63	70	88	95	117	123	146	148
11	20	24	33	41	50	62	71	87	96	116	124	145	149	170
21	23	34	40	51	61	72	86	97	115	125	144	150	169	171
22	35	39	52	60	73	85	98	114	126	143	151	168	172	189
36	38	53	59	74	84	99	113	127	142	152	167	173	188	190

37	54	58	75	83	100	112	128	141	153	166	174	187	191	204
55	57	76	82	101	111	129	140	154	165	175	186	192	203	205
56	77	81	102	110	130	139	155	164	176	185	193	202	206	215
78	80	103	109	131	138	156	163	177	184	194	201	207	214	216
79	104	108	132	137	157	162	178	183	195	200	208	213	217	222
105	107	133	136	158	161	179	182	196	199	209	212	218	221	223
106	134	135	159	160	180	181	197	198	210	211	219	220	224	225

4.11 编程输出如下形状的数字图案，其中图案中心数字为 0，最外一层的数字 n($n<10$)由键盘输入。例如，输入 $n=3$，则输出如下：

3	3	3	3	3	3	3
3	2	2	2	2	2	3
3	2	1	1	1	2	3
3	2	1	0	1	2	3
3	2	1	1	1	2	3
3	2	2	2	2	2	3
3	3	3	3	3	3	3

［思路点拨］

这种“回型”数字方阵，可以通过模拟的方法一圈一圈赋值来实现。但是，通过观察这个样例发现，越靠近中心的元素值越小，且与元素的位置(i,j)有定量关系：元素的值等于 abs($i-n-1$)与 abs($j-n-1$)中的较大值。所以，程序只要用一个两重循环逐行逐列按照这个规律给数组元素赋值即可。

［参考程序］

```
program work4_11(input,output);
var n,i,j,k:longint;
begin
  readln(n);
  for i:=1 to 2*n+1 do              //共 2*n+1 行
    for j:=1 to 2*n+1 do            //共 2*n+1 列
    begin
      k:=abs(i-n-1);
      if abs(j-n-1)>k then k:=abs(j-n-1);
                //以上两步取 abs(i-n-1)与 abs(j-n-1)的较大值
      if j=2*n+1 then writeln(k) else write(k,' ');
```

```
    end;
end.
```

［程序测试］

输入：

7

输出：

```
7 7 7 7 7 7 7 7 7 7 7 7 7 7 7
7 6 6 6 6 6 6 6 6 6 6 6 6 6 7
7 6 5 5 5 5 5 5 5 5 5 5 5 6 7
7 6 5 4 4 4 4 4 4 4 4 4 5 6 7
7 6 5 4 3 3 3 3 3 3 3 4 5 6 7
7 6 5 4 3 2 2 2 2 2 3 4 5 6 7
7 6 5 4 3 2 1 1 1 2 3 4 5 6 7
7 6 5 4 3 2 1 0 1 2 3 4 5 6 7
7 6 5 4 3 2 1 1 1 2 3 4 5 6 7
7 6 5 4 3 2 2 2 2 2 3 4 5 6 7
7 6 5 4 3 3 3 3 3 3 3 4 5 6 7
7 6 5 4 4 4 4 4 4 4 4 4 5 6 7
7 6 5 5 5 5 5 5 5 5 5 5 5 6 7
7 6 6 6 6 6 6 6 6 6 6 6 6 6 7
7 7 7 7 7 7 7 7 7 7 7 7 7 7 7
```

第 5 章　过程与函数

5.1　定义一函数 *digit*(*n*,*k*)分离出整数 *n* 从右边数第 *k* 个数字，如 *digit*(31859,3)=8，*digit*(2076,5)=0。

[**思路点拨**]

可以通过不停地将数 *n* 的末位一位去掉，连续去掉 *k*−1 次，这样剩下的数的末位一位就是我们需要的第 *k* 位数字。如何去掉一个数的最后一位呢，只要执行 n:=n div 10 即可。如何得到一个数的末位一位呢，只要执行 *n* mod 10 即可。

[**参考程序**]

```
program work5_1(input,output);
var n,k,ans:longint;

function digit(n,k:integer):integer;
                              //n 表示输入的数，k 表示要求的该数的第 k 位
var i:longint;
begin
  for i:=1 to k-1 do n:=n div 10;    //先去掉后面的 k-1 位数字
  digit:=n mod 10;                   //函数的返回值为剩下这个数的末位
end;

begin{main}
  readln(n,k);
  ans:=digit(n,k);
  writeln(ans);
end.
```

[**程序测试**]

输入：

8374567 4

输出:
4

5.2　输入一个正整数 n,编写一过程依次从低位到高位输出各位上的数。

[思路点拨]

本题可以采用和第 1 题类似的方法,一边做 mod 10 的运算,一位一位地输出,一边做 div 10 的运算,将这个数不断缩小,直到为 0。我们可以采用一个 while 循环来实现。同时,因为每次的操作是相同的,所以,我们也可以采用递归的思想和方法来实现。

[参考程序]

```
program work5_2a(input,output);  //直接循环的方法
var n:longint;

procedure print(n:longint);          //一边除一边输出
begin
  while (n<>0) do                    //每次输出最后一位然后将最后一位去掉
  begin
    write(n mod 10);
    n:=n div 10;                     //去掉最后一位的操作
  end;
end;

begin{main}
  readln(n);
  print(n);
  writeln;
end.

program work5_2b(input,output);  //递归的方法
var n:longint;

procedure print(n:longint);          //递归过程
begin
  if n<>0 then
```

```
  begin
    write(n mod 10);
    print(n div 10);                    //对去掉最后一位的数进行递归
  end;
end;

begin{main}
  readln(n);
  print(n);
  writeln;
end.
```

[**程序测试**]

输入：

374567

输出：

765473

[**变形拓展**]

如果要将数字按原来的顺序输出，当然不允许直接将数输出，而是采用递归的方法也可以实现，只需要交换 print 过程中的两个语句，请思考为什么。程序如下：

```
procedure print(n:longint);
begin
  if n<>0 then
  begin
    print(n div 10);
    write(n mod 10);
  end;
end;
```

5.3　任意给一个正整数，如果是奇数，就把它乘以 3 再加上 1；如果是偶数，就把它除以 2。经过有限次计算后，结果总会出现 1，这就是角谷猜想。试编写一个程序来验证。

[**思路点拨**]

本题先采用模拟的算法编写一个函数 *chk*，用来判断数 *n* 是不是满足角谷猜想，返回值为布尔型。然后，在一定范围内枚举 *n*，看是否都满足角谷猜想。

[参考程序]

```
program work5_3(input,output);
const   maxn=1000;                      //在1~10000的范围内验证角谷猜想
var i:longint;

function chk(n:longint):boolean;        //判断一个数n是否满足角谷猜想
begin
  while n<>1 do                         //按题目意思模拟
  begin
    if odd(n) then n:=n*3+1
              else n:=n div 2;
  end;
  if n=1 then chk:=true
         else chk:=false;               //记住函数一定要有返回值
end;

begin{main}
  for i:=1 to maxn do                   //在一定范围内穷举i,来验证角谷猜想
  begin
    if chk(i) then writeln(i,' is right');          //如果满足就输出提示信息
  end;
end.
```

[程序测试]

输入：

无

输出：

```
1 is right
2 is right
3 is right
4 is right
5 is right
……
995 is right
996 is right
```

997 is right
998 is right
999 is right
1000 is right

5.4　在程序中定义一个函数 *check*(*n*,*d*),如果数字 *d* 在整数 *n* 中出现,则函数值为 true,否则为 false。如 *check*(9687,7)=true,*check*(10345,6)=false。

[**思路点拨**]

方法和第 1 题类似,具体实现请阅读参考程序。

[**参考程序**]

```
program work5_3(input,output);
var n,k:longint;

function check(n,k:longint):boolean;   //判断数字 d 在整数 n 中是否出现过
var flag : boolean;
begin
  flag :=false;                        //先假设未出现过
  while (n<>0) do                      //穷举每一位
  begin
    if (n mod 10=k) then flag:=true;   //出现过,则作标记
    n := n div 10;                     //缩小一位
  end;
  check:=flag;                         //函数返回值
end;

begin{main}
  readln(n,k);
  if check(n,k) then writeln('Yes')
                else writeln('No');
end.
```

[**程序测试**]

输入:

564 4

输出:

Yes

输入：
68716　5
输出：
No

5.5　在素数的大家庭中，大小之差不超过 2 的两个素数称为一对孪生素数，如 2 和 3、3 和 5、17 和 19 等。请你统计一下，在不大于自然数 $N(N<=10^6)$ 的素数中，孪生素数的对数。

［思路点拨］

首先，判断一个数是不是素数有两种基本方法。一种是使用最暴力的方法从 $i=2$ 开始到 trunc(sqrt(n))一个一个判断，看 i 是不是 n 的约数，只要有一个成立则 n 就不是素数，可以称之为穷举法。另一种是筛选法，将 $2\sim n$ 之间需要判断的数全部放入一个“筛子(用数组或集合表示)”中，基本思想是从小到大找出筛子中的最小素数(可以形象地称为“种子”，第 1 个种子为 2，第 2 个种子为 3，第 3 个种子必为 5，…)，然后将 i 的 2 倍、3 倍…所有 i 的倍数全部去掉(必然不是素数)，最后剩下的数就都是素数了，具体方法见参考程序。

本题朴素的方法是让 i 从 5 开始(为什么从 5 开始？因为 1 和 3 显然不是解，2 和 3 显然是一组解，计数器初值设为 1)，每次判断 i 和 $i-2$ 是不是都是素数，是则计数器加 1，每次步长 i 加 2(为什么步长不是加 1？为什么不要判断 i 和 $i-1$？因为大于 2 的偶数肯定不是素数)，一直到 i 超过 N。最后输出计数器即可。

由于，在穷举的过程中要不断调用“判断一个数是不是素数”的“自定义函数”，而且一个数 n 需要判断两次($n-2$ 和 n，n 和 $n+2$)，所以可以采用一种叫做“预处理”的技术，在程序开始前，先将 N 以内的所有素数存储在一个“素数表”中，以后每次只要查表判断即可，如 prime[i]=true 表示 i 是素数。

［参考程序］

```
program work5_4a(input,output);        //朴素的方法
const maxn=1000000;
var ans,i:longint;
    prime:array[1..maxn] of boolean;

function chk(n:longint):boolean;        //判断 n 是不是素数
var flag : boolean;
```

```
    i:longint;
  begin
    flag:=true;
    if n=1 then flag:=false;                        //1 不是素数
    for i:=2 to trunc(sqrt(n)) do                   //穷举法
      if n mod i=0 then flag:=false;
    chk:=flag;                                      //函数的返回值
  end;

  begin{main}
    for i:=1 to maxn do prime[i]:=chk(i);           //初始化
    ans:=1;                                         //特例 2 3
    for i:=3 to maxn do                             //穷举
      if prime[i] and prime[i-2] then ans:=ans+1;   //计数
    writeln(ans);
  end.

  program work5_4b(input,output);
  const maxn=1000000;
  var ans,i:longint;
      prime:array[1..maxn] of boolean;

  procedure make;                       //利用筛选法,建立素数表
  var i,ii:longint;
  begin
    for i:=1 to maxn do prime[i]:=true; //先假设都是素数
    prime[1]:=false;                    //1 不是素数
    for i:=2 to trunc(sqrt(maxn)) do    //穷举可能的种子 i,然后删除它的倍数
      if prime[i] then                  //先判断 i 是素数
      begin
        ii:=i+i;                        //从 2 倍开始
        while ii<=maxn do               //不越界就一直做
        begin
          prime[ii]:=false;             //筛掉
```

```
        ii:=ii+i;                          //再加1倍上去
      end;
    end;
end;

begin{main}
  make;                                         //初始化,建立素数表
  ans:=1;                                       //特例 2 3
  for i:=3 to maxn do                           //穷举
    if prime[i] and prime[i-2] then ans:=ans+1; //计数
  writeln('total=',ans);
end.
```

[**程序测试**]

输入:

无

输出:

total=8170

5.6 编写求两个数中最大数的函数,并调用该函数求出四个数中的最大数。

[**思路点拨**]

先编写一个 max 函数求两个数中的较大者,然后按照“打擂台”的思想,3 次调用该函数即可得出 4 个数中的最大者。

[**参考程序**]

```
program work5_5(input,output);
var a,b,c,d,ans:longint;

function max(a,b:longint):longint;              //求两个数的较大值
begin
  if a>b then max:=a
    else max:=b;
end;

begin{main}
  readln(a,b,c,d);
```

```
  ans:=max(a,b);
  ans:=max(ans,c);                                    //让最大值和 c 打
  ans:=max(ans,d);                                    //让最大值和 d 打
  writeln(ans);
end.
```

［程序测试］

输入：

57 564 187 579

输出：

579

5.7　编写一个判定闰年的函数，并调用此函数输出公元 1 年到公元 1000 年之间的所有闰年。

［思路点拨］

应用以前学习的知识很容易就可以编写一个判断闰年的函数，然后穷举年份 1～1000，输出那些闰年即可。

［参考程序］

```
program work5_7(input,output);
var i,tot:longint;

function isleap(n:longint):boolean;          //判断年份 n 是不是闰年
var flag:boolean;
begin
  flag:=true;
  if n mod 4<>0 then flag:=false
                else if (n mod 100=0) and (n mod 400<>0) then flag:=
                      false;
  isleap:=flag;
end;

begin{main}
  tot:=0;
  for i:=1 to 1000 do
  begin
```

```
    if isleap(i) then begin   write(i:8);   tot:=tot+1; end;   //输出并累加
  end;
  writeln;
  writeln('total=',tot);
end.
```

［**程序测试**］

输入：

　　无

输出：

```
   4    8   12   16   20   24   28   32   36   40
  44   48   52   56   60   64   68   72   76   80
  84   88   92   96  104  108  112  116  120  124
 128  132  136  140  144  148  152  156  160  164
 168  172  176  180  184  188  192  196  204  208
 212  216  220  224  228  232  236  240  244  248
 252  256  260  264  268  272  276  280  284  288
 292  296  304  308  312  316  320  324  328  332
 336  340  344  348  352  356  360  364  368  372
 376  380  384  388  392  396  400  404  408  412
 416  420  424  428  432  436  440  444  448  452
 456  460  464  468  472  476  480  484  488  492
 496  504  508  512  516  520  524  528  532  536
 540  544  548  552  556  560  564  568  572  576
 580  584  588  592  596  604  608  612  616  620
 624  628  632  636  640  644  648  652  656  660
 664  668  672  676  680  684  688  692  696  704
 708  712  716  720  724  728  732  736  740  744
 748  752  756  760  764  768  772  776  780  784
 788  792  796  800  804  808  812  816  820  824
 828  832  836  840  844  848  852  856  860  864
 868  872  876  880  884  888  892  896  904  908
 912  916  920  924  928  932  936  940  944  948
 952  956  960  964  968  972  976  980  984  988
 992  996
```

Total=242

5.8　编写一个判断"回文"的函数，并调用此函数判定一个字符串是否是"回文字符串"。比如12321，1221都是回文字符串，而1232不是。

［**思路点拨**］

判断回文的方法是：将该字符串用string类型读入，然后建立两个整数变量分别指向字符串的头和尾（暂且叫这两个变量值为"头指针"和"尾指针"），判断这两个指针指向的字符是否相等，如果不相等可以立刻判定这个字符串不是回文字符串，如果相等的话就继续判断下去（每次头指针加1、尾指针减1），直到两个指针相等或者交叉。

［**参考程序**］

```
program work5_8(input,output);
var st:string;

function chk(st:string):boolean;        //判断回文的函数
var flag:boolean;
    i,j:integer;
begin
  i:=1;j:=length(st);
  flag:=true;
  while i<=j do                          //i>j就交叉了，不用再比较了
  begin
    if st[i]<>st[j] then flag:=false;
    i:=i+1;j:=j-1;
  end;
  chk:=flag;                             //函数一定要返回值
end;

begin{main}
  readln(st);
  if chk(st) then writeln('YES')
           else writeln('NO');
end.
```

［程序测试］

输入：

abcdefg

输出：

NO

输入：

abcdedcba

输出：

YES

5.9　对 6～1000 内的偶数验证哥德巴赫猜想：任何一个大于 6 的偶数总可以分解为两个素数之和。

［思路点拨］

对于任何偶数 n(6～1000)，从 $i=3$ 开始逐一检验 i 与 $n-i$ 是否都为素数，如果存在一组不满足的就输出错误信息，否则就证明哥德巴赫猜想是正确的。

［参考程序］

```
program work5_9(input,output);
var i:longint;

function chkprime(n:longint):boolean;   //判断素数的函数
var flag : boolean;
    i:longint;
begin
  flag:=true;
  if n=1 then flag:=false;
  for i:=2 to trunc(sqrt(n)) do
    if n mod i=0 then flag:=false;
  chkprime:=flag;
end;

function chk(n:longint):boolean;         //判断一个数是否满足哥德巴赫猜想
var i:longint;
begin
```

```
    for i:=3 to n-1 do
      if chkprime(i) and chkprime(n-i) then exit(true);
                                   // exit(true)相当于 begin chk:=true;exit end
    chk:=false;
  end;

  begin{main}
    for i:=6 to 1000 do
    begin
      if chk(2*i) then writeln(2*i,' is right')
                  else writeln(2*i,' isn't right');
    end;
  end.
```

[**程序测试**]

输入：

　　无

输出：

```
6 is right
8 is right
10 is right
……
996 is right
998 is right
1000 is right
```

5.10　用递归的方法求 $1+2+3+\cdots+(n-1)+n$ 的值。

[**思路点拨**]

与求 $n!$ 的方法一样，我们可以很容易地写出如下递归公式，再采用一个递归函数求值。

$$f(n)=\begin{cases}1 & n=1\\ n+f(n-1) & n>1\end{cases}$$

[**参考程序**]

```
program work5_10(input,output);
var n,ans:longint;
```

```
function calc(n:longint):longint;          //递归函数求1+2+3+…
begin
  if n=1 then calc:=1
         else calc:=n+calc(n-1);           //用递归的调用,给函数赋返回值
end;

begin{main}
  readln(n);
  ans:=calc(n);
  writeln(ans);
end.
```

[**程序测试**]

输入：

10

输出：

3628800

5.11　请编写一个函数 *fun*，它的功能是：求出 *ss* 字符串中指定字符 c 的个数，并返回此值。例如：若输入字符串 *ss*='123412132'，c='1'，则输出 3。

[**思路点拨**]

逐个扫描字符串中的每个字符，如果该字符为指定的字符 c，就将计数器加 1，最后输出计数结果。

[**参考程序**]

```
program work5_11(input,output);
var st:string;
    ans:longint;
    c:char;

function fun(st:string;c:char):longint;  // 求 ss 字符串中指定字符 c 的个数
var i,calc:longint;
begin
  calc:=0;                               //计数器清零
  for i:=1 to length(st) do
    if st[i]=c then calc:=calc+1;
```

```
  fun:=calc;                                  //返回值
end;

begin{main}
  readln(st);
  readln(c);
  ans:=fun(st,c);
  writeln(ans);
end.
```

[**程序测试**]

输入：

123412132

1

输出：

3

5.12 输入一个字符串，编写一个函数，用来删除字符串中的所有空格，再输出该字符串。例如，输入'asd af aa z67'，则输出为'asdafaaz67'。

[**思路点拨**]

扫描整个字符串，逐个判断是不是空格，是就删除掉，不是就保留。最后重新输出该字符串即可。

[**参考程序**]

```
program work5_12(input,output);
var st:string;

procedure delspace(var st:string);
begin
  while pos(' ',st)<>0 do                     //找出空格的位置
  begin
    delete(st,pos(' ',st),1);                  //删除空格
  end;
end;

begin{main}
```

```
  readln(st);
  delspace(st);
  writeln(st);
end.
```

[程序测试]

输入：

asd af aa   z67   #

输出：

asdafaaz67#

5.13 输入一个分数的分子 m 和分母 n，m、n 均为正整数且 $m<n$，编写一个函数将其化为最简分数。

[思路点拨]

对于一个分数，要求它的最简形式，只要将分数的分子、分母同时除以他们的最大公约数。所以，本题就转化成了求两个数的最大公约数问题，可以用“辗转相除法”来完成，参考程序中采用了递归过程来完成。

[参考程序]

```
program work5_12(input,output);
varx,m,n:longint;

function gcd(a,b:longint):longint;        //用递归的方法实现辗转相除法
var c:longint;
begin
  if a<b then begin                        //保证 a>=b
                c:=a;a:=b;b:=c;
              end;
  if b=0 then gcd:=a
           else gcd:=gcd(b,a mod b);       //递归思想
end;

begin{main}
  readln(m,n);
  x:=gcd(m,n);
  writeln(m,'/',n,'==',m div x,'/',n div x);
```

```
end.
```

[程序测试]

输入：

12345 999900

输出：

12345/999900==823/66660

输入：

7 9

输出：

7/9==7/9

5.14　编写一过程，实现 $n*m$ 矩阵的转置(即行列互换)。如下为一个3行3列矩阵转置的例子。

如输入(矩阵 a)：

1 2 3

4 5 6

7 8 9

则输出(矩阵 b)：

1 4 7

2 5 8

3 6 9

[思路点拨]

观察一下转置前后的矩阵，很容易找到如下规律：$b[i,j]=a[j,i]$。所以只要穷举 b 矩阵的行和列，给 $b[i,j]:=a[j,i]$ 即可。

[参考程序]

```
program work5_14(input,output);
const maxn=100;
var   a,b:array[1..maxn,1..maxn] of longint;
      i,j,n,m:integer;

procedure change;                        //转置的操作
var i,j:integer;
begin
```

```
  for i:=1 to m do
    for j:=1 to n do
      b[i,j]:=a[j,i];
end;

begin{main}
  writeln('input hang&lie:');
  readln(n,m);
  writeln('input juzhen:');
  for i:=1 to n do
  begin
    for j:=1 to m do read(a[i,j]);
    readln;
  end;

  change;                              //转置过程

  writeln('output:');
  for i:=1 to m do
  begin
    for j:=1 to n do write(b[i,j] : 8);
    writeln;
  end;
end.
```

[程序测试]

输入：

```
input hang&lie:
4 5
input juzhen:
1 2 3 4 5
6 6 6 6 6
1 3 5 7 9
2 4 6 8 0
```

输出：

output：

1	6	1	2
2	6	3	4
3	6	5	6
4	6	7	8
5	6	9	0

5.15　输入一个字符串，将字符串中所有奇数位置上的字母转换为大写(若该位置上不是字母，则不转换)。

［思路点拨］

很容易的穷举法。介绍一个函数 upcase，它的作用是将小写字母变成大写，不是字母就不处理。

［参考程序］

```
program work5_15(input,output);
var st:string;
    i:longint;

procedure upper(var st:string);      //将字符串中奇数位置上的字母转换为大写
begin
  for i:=1 to length(st) do
    if odd(i) then st[i]:=upcase(st[i]);
end;

begin{main}
  readln(st);
  upper(st);
  writeln(st);
end.
```

［程序测试］

输入：

abcdefg

输出：

AbCdEfG

5.16　阅读以下程序，写出运行结果

```
program work5_16(input,output);
procedure solve(n:integer);
begin
  if n=0 then writeln
         else begin
                write('*');
                solve(n-1);
              end;
  write('*');
end;

begin{main}
  solve(5);
end.
```

[问题解答]

运行结果为：

```
*****
******
```

5.17　编写一个递归过程，把一个十进制正整数转换成八进制数输出。

[思路点拨]

根据进制转换的方法模拟即可。不过，本题是采用递归过程来实现，请自己分析参考程序中的 print 过程，并与第 2 题的程序中 print 过程进行比较。

[参考程序]

```
program work5_17(input,output);
var n:longint;

procedure print(n:longint);          //用递归法实现进制转换
begin
  if n<>0 then begin
                 print(n div 8);  //注意以下两个语句的书写顺序
                 write(n mod 8);
               end;
```

```
end;

begin{main}
  readln(n);
  print(n);
  writeln;
end.
```

[**程序测试**]

输入：

2071119

输出：

7715117

第 6 章 枚举、集合、记录和文件

6.1 输入今天是星期几的序号（星期天的序号为 0，星期一的序号为 1，…），编程输出明天是星期几的英文单词。

［思路点拨］

定义一个枚举类型 daytype，其元素从前往后依次为七天的英文单词（简写为：sun，mon，tue，wed，thu，fri，sat）。读入一个序号（0～6）后，先将 daytype 类型的变量 today 赋值为今天星期几的单词（简写），然后将 tomorrow 赋值为 today 的后继，当然最后一个枚举元素 sat 的后继为 sun。最后，通过 case 语句，输出对应的字符串即可。

［参考程序］

```
program work6_1(input,output);
type   daytype=(sun,mon,tue,wed,thu,fri,sat);
var    k:integer;
       today,tomorrow:daytype;
begin
  readln(k);                           //读入星期几的序号
  case k of                            //转换成枚举元素值
    0:today:=sun;
    1:today:=mon;
    2:today:=tue;
    3:today:=wed;
    4:today:=thu;
    5:today:=fri;
    6:today:=sat;
  end;
  if today=sat then tomorrow:=sun else tomorrow:=succ(today);
                                       //求后继
  write('tomorrow is ');
```

```
  case tomorrow of                    //转换成字符串输出
    sun:writeln('sunday');
    mon:writeln('monday');
    tue:writeln('tuesday');
    wed:writeln('wednesday');
    thu:writeln('thursday');
    fri:writeln('friday');
    sat:writeln('saturday');
  end;
  readln;
end.
```

[**程序测试**]

输入：

1

输出：

tomorrow is tuesday

输入：

0

输出：

tomorrow is monday

输入：

6

输出：

tomorrow is sunday

6.2　设有集合 a=[1,3,5,7,9],b=[2,4,6,8,10],c=[1,2,3,4,5],d=[5],e=[ ],求下列表达式的结果。

(1) (a+b)−c

(2) (a * c)=d

(3) (a+e) * (b+d)

(4) 7 in (((a−b)−c)−d)

(5) c<=(a+b)

(6) a>=b * e-c

[问题解答]

(1) [6,7,8,9,10] (2) false (3) [5] (4) true (5) true (6) true

6.3　列出下列集合类型的全体元素。

(1) color = set of (red ,green ,blue)

(2) num = set of 1..5

[问题解答]

(1) 有 8 种可能,分别为:

[red,green,blue]	[red,green]	[red,blue]	[green,blue]
[red]	[green]	[blue]	[ ]

(2) 有 32 种可能,分别为:

[1,2,3,4,5]	[1,2,3,4]	[1,2,3,5]	[1,2,4,5]
[1,3,4,5]	[2,3,4,5]	[1,2,3]	[1,2,4]
[1,2,5]	[1,3,4]	[1,3,5]	[1,4,5]
[2,3,4]	[2,3,5]	[2,4,5]	[3,4,5]
[1,2]	[1,3]	[1,4]	[1,5]
[2,3]	[2,4]	[2,5]	[3,4]
[3,5]	[4,5]	[1]	[2]
[3]	[4]	[5]	[ ]

6.4　某班有 50 名学生,每位学生发一张调查卡,上写 a、b、c 三本书的书名,将读过的书打√,结果统计数字如下:只读 a 者 8 人;只读 b 者 4 人;只读 c 者 3 人;全部读过的有 2 人;读过 a、b 两本书的有 4 人;读过 a、c 两本书的有 2 人;读过 b、c 两本书的有 3 人;问:

(1) 读过 a 的人数是 ________;

(2) 一本书也没有读过的人数是 ________ 。

[问题解答]

(1) 12 人　(2) 30 人

我们可以用图 6-1 来形象地表示求解的原理。其中:a=8;b=4;c=3;abc=2;ab=4-abc=2;ac=2-abc=0;bc=3-abc=1;所以,读过 a 的人数为:a+ab+abc+ac=8+2+2+0=12 人。一本未读过的人:50-a-b-c-abc-ab-ac-bc=30 人。

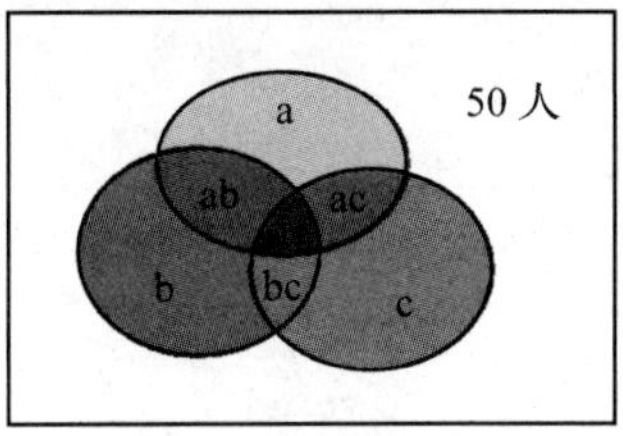

图6-1

6.5　调用随机函数产生10个互不相同的随机整数($0 \leqslant x \leqslant 40$)，放入集合中，并一起输出(5个一行)。

［**思路点拨**］

先将集合赋值为空集，再不断产生随机数，判断其是否已在集合中，如果不存在，则加入该集合并计数，直到集合中有10个数为止，再输出该集合。

［**参考程序**］

```
program work6_5(input,output);
var a:set of 0..40;                //定义集合变量 a
    i,m,n:integer;
begin
  a:=[ ];                          //集合初始化为空集
  n:=0;                            //计数器清零
  randomize;                       //调用随机过程
  repeat
    m:=trunc(random(41));
    if not (m in a) then   begin
                         a:=a+[m];       //将一个元素 m 加入集合 a 中
                         n:=n+1;         //计数器加 1
                         end;
  until n=10;                      //重复操作,直到集合中已有 10 个元素
  n:=0;
  for i:=0 to 40   do              //集合的输出,采用穷举的思想
   if i in a then begin
                  write(i:4);
                  n:=n+1;
                  if n mod 5=0 then writeln;     //5 个一行
```

```
        end;
  readln;
end.
```

［程序测试］

输入：

无

输出(不唯一)：

```
2   6  19  21  25
24  30  32  38  40
```

6.6　定义一个记录类型，表示平面直角坐标系中的一个点(X、Y)，X，Y 的取值范围是 1 到 100 之间的整数。编一程序，读入三个点的坐标(X，Y)，判断能否构成一个三角形。

［思路点拨］

在《程序设计与应用(中学·PASCAL)》教材的例 3_9 中已经介绍过“判断 3 根小木棒能否搭成一个三角形”的问题了，本例就只要根据三个点的坐标算出 3 条线段的长度(根据勾股定理)，然后就是一样的问题了。

在这儿，我们介绍另外一种方法。先根据海伦公式(习题 3_9 已介绍)求出三角形的面积，我们知道假如能够构成三角形，则计算出的面积一定不为 0，否则说明三点共线，不能构成三角形。

其实本题可以直接定义 6 个变量来保存 3 个点的坐标，但是把一个点的 X，Y 坐标合在一起定义成一个记录，更加科学规范。

［参考程序］

```
program work6_6(input,output);
type vertextype=record                         //定义一个点的记录
                  x,y:longint;                 //包含两个数据域
                end;
var v:array[1..3] of vertextype;               //定义 3 个点
    a,b,c,p,s:real;
    i:longint;

function distance(a,b:vertextype):real;        //计算两点之间的距离
  begin
    distance:=sqrt((a.x-b.x)*(a.x-b.x)+(a.y-b.y)*(a.y-b.y));
```

```
  end;

begin{main}
  for i:=1 to 3 do readln(v[i].x,v[i].y);
  a:=distance(v[1],v[2]);
  b:=distance(v[1],v[3]);
  c:=distance(v[2],v[3]);
  p:=(a+b+c)/2;                          //计算半周长
  s:=sqrt(p*(p-a)*(p-b)*(p-c));   //运用海伦公式计算三角形面积
  if s<1e-6 then writeln('No')  //面积为0,注意不能s=0来判断实数s等于0
            else writeln('Yes');
end.
```

[程序测试]

输入:

1 2

7 10

4 6

输出:

No

输入:

4 8

0 0

1 6

输出:

Yes

6.7　找字符(aggre)

[问题描述]

编程从文件中读入若干个字符串（以"?"号结束),找出并输出未在此串中出现的所有字母和数字(按 ASCII 码顺序列出,区分大小写)。

[输入文件]

输入文件 aggre.in 只有一行,一串字符(小于等于 1000000 个)。

[输出文件]

输出文件 aggre. out 一行，不在字符串中的出现所有的字母和数字，按 ASCII 码顺序（在一行输出）。

[思路点拨]

将大小写字母及数字按 ASCII 码顺序加入集合中，一一查看读入的字符是否在集合中，如果在集合中，说明该字符是第一次出现，将该字符元素从集合中删去。最后按 ASCII 码的顺序查看大小写字母及数字是否在该集合中，如果在集合中，说明从未出现过，就将该字符输出。

[参考程序]

```
program work6_7(input,output);
type atype=set of char;
var a:atype;
    ch:char;
begin
  a:=['0'..'9','A'..'Z','a'..'z'];          //3 个子界类型的字符
  assign(input,'aggre.in');                 //以下 4 个语句为文件操作
  assign(output,'aggre.out');
  reset(input);
  rewrite(output);
  read(ch);
  while ch<>'?' do
  begin
    if (ch in a) then a:=a-[ch];            //从集合中去掉出现的元素
    read(ch);
  end;
  for ch:='0' to 'z' do //按照 ASCII 码的大小顺序依次判断最后剩下的元素
    if (ch in a) then write(ch);
  writeln;
  close(input);                             //关闭文件的操作
  close(output);
End.
```

[程序测试]

输入：

ABCD% $ EF1234589JIKLMNabcddefOVWXYZPQghijklmnpqrstuvwxyzRSTU?

输出：
067Gho

6.8　学生信息处理(students)

[**问题描述**]

给出若干条学生信息的记录，包括学号，姓名，语文，数学，英语，物理，化学几个字段。要求完成以下 3 个任务：

(1) 计算每个学生的总分；

(2) 将总分从高到低排序，如果总分相同，按照语文成绩从高到低排序；

(3) 统计有一门学科不及格的人数。

[**输入文件**]

输入文件 students.in 包含 $n*3+1$ 行；

第一行是整数 $n(n<=1000)$，表示是 n 个学生；

接下来每组 3 行数据：学号、学生姓名、5 个学科的成绩。

[**输出文件**]

输出文件 students.out 的第一行是统计的有不及格学科的人数；

接下来输出总分前 20 名的学生信息，每行信息包括学号、姓名、5 个学科的成绩、总分。如果不满 20 人，按照实际人数输出。

[**思路点拨**]

首先，定义一个记录类型保存每个学生的信息，定义一个基类型为记录的数组存放所有学生的信息。

排序(从大到小)，找出总分相同的人，按照语文成绩从大到小排序。对于每个学生，判断他是否有学科的成绩小于 60，如果有，就将计数器加 1。统计完成后，先输出总数，再按顺序输出每位学生的信息。

[**参考程序**]

```
program work6_8(input,output);
const nm=1000;                          //最多人数
type node=record                        //一个学生的记录
        sum:integer;                    //总分
        id,name:string[10];             //学号和姓名
        s:array[1..5] of integer;       //5 门课的成绩
        f:boolean;                      //有不及格成绩的标记
     end;
var p:array[1..nm] of node;             //基类型为 node 的数组
```

```
    n,k,m,t:integer;
    s:longint;

procedure init;                          //读入过程,同时完成一些初始化工作
var i,j:integer;
begin
  fillchar(p,sizeof(p),0);
  readln(n);
  for i:=1 to n do                       //读入 n 个人的信息
  begin
    readln(p[i].id);readln(p[i].name);//读入学号和姓名
    with p[i] do                         //记录的开域语句
    for j:=1 to 5 do                     //读入 5 门课成绩
    begin
      read(s[j]);sum:=sum+s[j];          //顺便累加算总分
      if s[j]<60 then f:=true;           //有不及格的作上标记
    end;
    readln;
  end;
end;

procedure qsort;                         //排序的过程
var i,j:integer;
    tp:node;
begin
  for i:=1 to n-1 do
    for j:=1 to n-i do
    begin
      if p[j].sum<p[j+1].sum
                                 //先按总分从高到低,即前面比后面的小就交换
       then begin tp:=p[j];p[j]:=p[j+1];p[j+1]:=tp;end;
      if (p[j].sum=p[j+1].sum) and (p[j].s[1]<p[j+1].s[1])
                           //总分相同的情况下,再按第 1 门课语文从高到低排序
        then begin tp:=p[j];p[j]:=p[j+1];p[j+1]:=tp;end;
```

```
    end;
end;

begin{main}
  assign(input,'students.in');           //文件操作
  reset(input);
  assign(output,'students.out');
  rewrite(output);
  init;                                  //读入数据、初始化
  qsort;                                 //排序
  t:=0;                                  //统计有一门不及格的人数
  for k:=1 to n do
    if p[k].f then inc(t);
  writeln(t);
  for k:=1 to 20 do                      //输出前 20 名
    if k<=n then
    with p[k] do
    begin
      write(id,' ',name,' ');
      for m:=1 to 5 do write(s[m],' ');
      writeln(sum);
    end;
  close(input);                          //关闭文件
  close(output);
end.
```

[程序测试]

输入:

```
5
10001
stu1
84 66 53 62 69
10002
stu2
90 67 59 82 58
```

10003
stu3
99 63 69 88 87
10004
stu4
83 77 91 69 64
10005
stu5
85 98 90 65 68

输出：
2
10003 stu3 99 63 69 88 87 406
10005 stu5 85 98 90 65 68 406
10004 stu4 83 77 91 69 64 384
10002 stu2 90 67 59 82 58 356
10001 stu1 84 66 53 62 69 334

6.9 文件复制(file)

［问题描述］

有一个文本文件，其中每行的字符不等，也可能有空行。把此文件中的字符复制到另一个文件中，使每行含 10 个字符，之间没有空格。

［输入文件］

输入文件 file.in，有若干行，每行有若干个字符。

［输出文件］

输出文件 file.out 有若干行，每行为 10 个不含空格的字符，最后一行可不足 10 个字符。

［思路点拨］

定义一个计数器，逐个读入文件中的字符，当该字符不为换行符或空格时，输出该字符，并让计数器加 1，当计数器为 10 时，换行并将计数器清零。

［参考程序］

```
program work6_9(input,output);
var ch:char;
    n:integer;
```

```
begin
  assign(input,'file.in');
  assign(output,'file.out');
  reset(input);
  rewrite(output);
  n:=0;
  while not eof() do                      //函数 eof 判断该文件是否结束
  begin
    while not eoln() do                   //函数 eoln 判断该行是否结束
    begin
      read(ch);
      if ch<>' ' then                     //在一行中不是空格就输出并计数
      begin
        n:=n+1;
        if n=10 then begin writeln(ch);n:=0 end   //十个一行
                else write(ch);
      end;
    end;
    readln;                               //光标移入输入文件的下一行
  end;
  close(input);
  close(output);
end.
```

[程序测试]

输入：

```
abcde   e f gh
a bc
```

输出：

```
abcdefghab
c
```

6.10　不高兴的津津(unhappy)

[问题描述]

津津上初中了。妈妈认为津津应该更加用功学习，所以津津除了上学之外，还要参加妈妈为她报名的各科复习班。另外每周妈妈还会送她去学习朗诵、舞蹈和钢琴。但是津津如果一天上课超过八个小时就会不高兴，而且上得越久就会越不高兴。假设津津不会因为其他事不高兴，并且她的不高兴不会持续到第二天。请你帮忙检查一下津津下周的日程安排，看看下周她会不会不高兴；如果会的话，哪天最不高兴。

［**输入文件**］

输入文件 unhappy. in 包括七行数据，分别表示周一到周日的日程安排。每行包括两个小于 10 的非负整数，用空格隔开，分别表示津津在学校上课的时间和妈妈安排她上课的时间。

［**输出文件**］

输出文件 unhappy. out 包括一行，这一行只包含一个数字。如果不会不高兴则输出 0，如果会则输出最不高兴的是周几（用 1, 2, 3, 4, 5, 6, 7 分别表示周一，周二，周三，周四，周五，周六，周日）。如果有两天或两天以上不高兴的程度相当，则输出时间最靠前的一天。

［**思路点拨**］

读入每天的学校上课时间和复习班上课时间后，将两者相加就会得出这一天的学习总时间，以 8 小时为标准（max=8），要输出变量的值暂时定为 0，将每天的学习时间按时间顺序一一与 max 比较，更新 max 值的同时，记录 max 对应的是周几，处理完七天的安排后，输出即可。

［**参考程序**］

```
program work6_10(input,output);
var a,i,x,y,d,max:byte;
begin
  assign(input,'unhappy.in');
  reset(input);
  assign(output,'unhappy.out');
  rewrite(output);
  d:=0;max:=8;                    //设定比较标准为 8
  for i:=1 to 7 do
  begin
    readln(x,y);
    a:=x+y;
    if a>max then begin
                    max:=a;d:=i;
                  end;
```

```
  end;
  writeln(d);
  close(input);
  close(output);
end.
```

[程序测试]

输入：

5 3
6 2
7 2
5 3
5 4
0 4
0 6

输出：

3

输入：

4 3
4 2
5 2
3 3
2 4
0 2
0 2

输出：

0

6.11　找礼物(present)

[问题描述]

新年到了，突然间，就在那美丽的一霎那，你好友和你(k 个人)的周围满是礼物，你发扬你帅气的风格，让你的好友先拿，但是每个人只能拿当前离自己最近的礼物[当然如果有并列的多个礼物离你的距离相等(精确到小数后四位，所有运算均为去尾)，这些礼物就都属于这个人]。现在你们所在的位置是原点(0,0)，每个礼物的位置用坐标表示。现在告诉你每个礼物的坐标，还有每个礼物是谁送的。要你找出你的礼物离你多远，你能拿到多少礼物，这些礼物是谁送的。如果你拿不到礼物，请输出“555…”。

［输入文件］

输入文件 present. in;

第一行：n 和 k 分别表示礼物的个数和人数；

第二到 $n+1$ 行：每行先是赠送礼品人的姓名，然后是礼物的坐标(x, y)。数据间以空格分割。

［输出文件］

输出文件 present. out;

第一行：d 和 u 表示礼物距你多远（只要去尾后的整数）和你能拿到多少礼物；

第二行到第 $u+1$ 行：每行一个人名，表示送礼的人。

请按照输入的顺序输出。

［数据范围］

对于 30％的数据 $k \leqslant n \leqslant 1000$。

对于所有的数据 $k \leqslant n \leqslant 100000$。

所有的坐标绝对值小于 10^6。

［思路点拨］

首先，计算出每个礼物离人们的距离，再排序，排序后将距离相同的礼物看作一个，按顺序将数组从前向后统计，统计出第 k 个远的礼物是哪一个后，按格式要求输出，如果没有 k 个礼物，则输出“555…”。

［参考程序］

```
program work6_11(input,output);
var i,j,n,m,x,y:longint;
    b:array[1..100000] of real;
    a:array[1..100000] of string;
    p:boolean;
      ch:char;

procedure sort(x,y:longint);                //快速排序
var l,h,z:longint;
    t:real;
    str:string;
begin
```

```
    l:=x;h:=y;
    t:=b[x];str:=a[x];
    while (l<h) do
    begin
      while (h<>l) and (b[h]>=t) do h:=h-1;
      if (h<>l) then begin
                      b[l]:=b[h];a[l]:=a[h];
                    end;
      while (h<>l) and (b[l]<=t) do l:=l+1;
      if (h<>l) then begin
                      b[h]:=b[l];a[h]:=a[l];
                    end;
  end;
  a[l]:=str;b[l]:=t;
  if (l-1>x) then sort(x,l-1);
  if (y>h+1) then sort(h+1,y);
end;

begin{main}
  assign(input,'present.in');
  assign(output,'present.out');
  reset(input);
  rewrite(output);
  readln(n,m);  //按文件格式读取礼物的个数和人数(n,m)两个数据换行
  for i:=1 to n do
  begin
    read(ch);a[i]:='';
    while (ch<>' ') do      //按文件格式处理姓名字符,存放在数组a中
    begin
      a[i]:=a[i]+ch;
      read(ch);
    end;
    readln(x,y);             //按文件格式读取礼物坐标(x,y)两个数据后换行
    b[i]:=sqrt((y*y)+(x*x));
```

```
  end;
  sort(1,n);                    //排序
  x:=1;p:=true;
  for i:=1 to m do
    if (x<n) and (p)
    then begin
           y:=x;
           while (b[y+1]=b[x]) and (y<n) do y:=y+1;
           if (i=m) then begin
                           writeln(trunc(b[x]),' ',y-x+1);
             //按文件格式要求输出礼物距离和礼物数，中间一个空格，并换行
                           for j:=x to y do  //按输出格式输出人名，并换行
                           writeln(a[j]);
                         end;
           x:=y+1;
         end
    else begin
           if p then writeln('555...');
           p:=false;
         end;
  close(input);
  close(output);
end.
```

［程序测试］

输入：

5 2

Jason 1 1

Herry 4 4

Patty 3 4

Tom 2 10

Petter 5 10

输出：

5 1

Patty

输入：
6 2
Jim 1—1
Flord 3—3
Joseph—1 1
Steve 3 3
Tiger 2—10
User 10 20
输出：
4 2
Flord
Steve

第7章 指 针

7.1 字符排序(sort)

[问题描述]

用给定的字符(从文件 sort.in 中读入)建立一个指针链表并输出。再遍历整个链表将其中重复出现的字符删除,重新输出该链表。最后再按 ASCII 码的大小顺序重新输出该链表中的所有字符。

[输入文件]

输入文件中有若干行,每行有若干个字符(包括大小写字母、符号等)。

[输出文件]

输出文件 sort.out 有三行,第一行按输入顺序输出所有字符;

第二行,将重复的字符删除后按输入顺序输出所有字符;

第三行,将链表中重复的字符删除后按 ASCII 顺序输出剩下的字符。

每行输出的字符与字符之间用一个空格隔开。

[输入样例]

DSDFRSSDFGD

KAHHAUJDJG

[输出样例]

D S D F R S S D F G D K A H H A U J D J G

D S F R G K A H U J

A D F G H J K R S U

[思路点拨]

本题运用统计的思想,设置一个布尔型数组记录每个字符是否出现过。具体来说就是定义一个 hash 数组,其下标类型是字符(chr(1)~chr(255)),元素类型是布尔型,其中:hash[ch]=true 表示字符 ch 已经出现过。

第二行要输出删除重复字符后的字符串,也就是每个字符已经在 hash 数组中出现过后不用再输出。具体实现时,可以在结点中多加一个数据域 flag 表示当前的元素是否需要删除,以避免链表的删除结点操作(初始值为 false)。当遇到一个字符,其在 hash 数组中对应元素值为 false 时，将其 hash 数组中对应值改为 true。以后再遇到这个字符时，按题意应该删除它，所以将其 flag 的值改为 true。输出时只要输出 flag 为 false 的元素即可

由于 hash 数组下标是有序的，输出被标记过的下标值就可以得到要求的第三行。

［参考程序］

```
program work7_1(input,output);
type pointer=^pointtype;
     pointtype=record
                 data:char;
                 flag:boolean;
                 next:pointer;
               end;
var head:pointer;
    hash:array[chr(1)..chr(255)] of boolean;
                                        //chr(k)是 ASCII 码为 k 的字符

procedure pretreatment;                 //预处理，读入数据
  var ch:char;
      p,q:pointer;
  begin
    fillchar(hash,sizeof(hash),false);  //将 hash 数组的初值均设置为 false
    read(ch);
    new(head); head^.data:=ch; head^.flag:=false; head^.next:=nil;
    p:=head;
    while not eof do                    //eof 是文件结束的标志
      begin
        while not eoln do               //eoln 是行结束的标志
          begin
            read(ch);
            new(q); q^.data:=ch; q^.flag:=false; q^.next:=nil;
            p^.next:=q; p:=p^.next;
          end;
        readln;                         //注意每行结束必须人工换行
      end;
```

```
  end;

procedure print;                          //链表的输出
  var p:pointer;
  begin
    write(head^.data);
    p:=head^.next;
    while p<>nil do
      begin
        if not p^.flag then write(' ',p^.data);
        p:=p^.next;
      end;
    writeln;
  end;

procedure delete;                         //虚拟删除操作
  var p:pointer;
  begin
    p:=head;
    while p<>nil do
      begin
        if not hash[p^.data] then hash[p^.data]:=true
                                  else p^.flag:=true;
        p:=p^.next;
      end;
  end;

procedure print_alphabet;                 //按 ASCII 顺序输出
  var ch:char;
  begin
    for ch:=chr(1) to chr(255) do
      if hash[ch] then
        begin write(ch); hash[ch]:=false; break; end;
    for ch:=chr(1) to chr(255) do
```

```
    if hash[ch] then write(' ',ch);
  writeln;
end;

begin {main}
  assign(input,'sort.in');            //文件操作
  reset(input);
  assign(output,'sort.out');
  rewrite(output);
  pretreatment;                       //预处理,读入数据
  print;  //第一次输出时flag均为初值false,所以输出的就是原来的字符串
  delete;                             //删除结点
  print;                              //按输入顺序输出
  print_alphabet;                     //按ASCII顺序输出
  close(input);                       //关闭文件
  close(output);
end.
```

[**程序测试**]

输入:

```
wWtGdJOSIYGZICqv]sjZcjUfh_IgezNclfJVu]pyb
```

输出:

```
w W t G d J O S I Y G Z I C q v ] s j Z c j U f h _ I g e z N c l f J V u ] p y b
w W t G d J O S I Y Z C q v ] s j c U f h _ g e z N l V u p y b
C G I J N O S U V W Y Z ] _ b c d e f g h j l p q s t u v w y z
```

7.2 集合链表(mutlink)

[**问题描述**]

建立两个用链表表示的整数集合 A、B,其元素值递增。求 A 和 B 的交集 C,要求 C 同样以递增链表的形式存储。最后输出 C 的所有元素以及 C 链表的长度。

[**输入文件**]

输入文件 mutlink.in 共四行,第一行为集合 A 的元素个数 N($N<1000$),第二行为集合 A 从小到大的元素(大小不超过 1000);接下来,第三、第四行分别为集合 B 的元素个数和集合 B 中的元素。

［输出文件］

输出文件 mutlink. out 共二行，第一行为集合 C 中从小到大的元素，每个整数之间有一个空格；第二行为集合 C 中元素的个数。

［输入样例］

6

5 9 18 26 31 45

7

1 2 4 9 15 26 75

［输出样例］

9 26

2

［思路点拨］

考虑到 $N<1000$，可以采用朴素算法来模拟合并的过程。由于交集必然是 A 的子集且是 B 的子集，所以我们对于集合 B 中的每个元素，扫描一遍集合 A，判断其在 A 中是否出现过，如果出现过，则加入到集合 C 中。最终得到的 C 就是集合 A 与集合 B 的交集。

［参考程序］

```
program work7_2(input,output);
type pointer=^pointtype;
       pointtype=record
                   data:longint;
                   next:pointer;
                 end;
var a,b,head,tail:pointer;
    tot:longint;

procedure scan(k:pointer);                //读入集合元素，建立一个递增链表
  var n,i,data:longint;
      p,q:pointer;
  begin
    readln(n);
    read(data);k^.data:=data;k^.next:=nil;
    p:=k;
    for i:=1 to n-1 do
      begin
```

```
        read(data);
        new(q); q^.data:=data; q^.next:=nil;
        p^.next:=q; p:=p^.next;
      end;
  end;

function find(k:longint):boolean;        //在一个链表中查找元素
  var p:pointer;
  begin
    find:=false;
    p:=a;
    while p<>nil do
      begin
        if p^.data=k then exit(true);
        p:=p^.next;
      end;
  end;

procedure solve;                         //寻找交集中的元素
  var p,q:pointer;
  begin
    tot:=0;
    new(head);head^.next:=nil;
    tail:=head;
    p:=b;
    while p<>nil do
      begin
        if find(p^.data) then
          begin
            inc(tot);
            new(q);q^.data:=p^.data;q^.next:=nil;
            tail^.next:=q; tail:=tail^.next;
          end;
        p:=p^.next;
```

```
        end;
    end;

procedure print;                          //输出链表
    var p:pointer;
    begin
        write(head^.next^.data);
        p:=head^.next^.next;
        while p<>nil do
            begin
                write(' ',p^.data);
                p:=p^.next;
            end;
        writeln;
        writeln(tot);
    end;

begin{main}
    assign(input,'mutlink.in');
    reset(input);
    assign(output,'mutlink.out');
    rewrite(output);
    new(a);scan(a);          //读入集合 a 中的元素,建立一个递增链表
    new(b);scan(b);          //读入集合 b 中的元素,建立一个递增链表
    solve;                   //寻找交集中的元素
    print;                   //输出
    close(input);
    close(output);
end.
```

［程序测试］

输入：

```
10
2 5 8 14 15 16 36 38 53 54
8
```

11 14 16 25 34 43 44 58

输出：

14 16

2

7.3　出圈序列(fold)

［问题描述］

将 1～M 这 M 个自然数按由小到大的顺序沿顺时针围成一圈。以 S 为起点，先沿顺时针方向数到第 N 个数就出圈，然后再沿逆时针方向数到第 K 个数再出圈，再沿顺时针方向数到第 N 个数就出圈，然后再沿逆时针方向数到第 K 个数再出圈，……这样按顺时针方向和逆时针方向不断出圈，直到全部数出完圈为止。打印先后出圈的数的序列。

［输入文件］

输入文件 fold.in 共 4 行，每行为 1 个自然数，分别表示题目中的 M,S,N,K。

M 不超过 1000。

［输出文件］

输出文件 fold.out 仅一行，先后出圈的序列，每个数字之间有一个空格。

［输入样例］

8

1

3

2

［输出样例］

3 1 5 2 7 4 6 8

［样例解释］

先从 1 开始沿顺时针方向数到 3，所以 3 先出圈；再从 2 开始沿逆时针方向数到 1，所以 1 出圈；再从 2 开始沿顺时针方向数到 5，所以 5 出圈；再从 4 开始沿逆时针方向数到 2，所以 2 出圈，……

［思路点拨］

本题属于典型的模拟题，采用链表作为数据结构。由于题目中有顺时针、逆时针不同方向的寻找，所以很自然地想到双向链表。

双向链表删除结点的操作是最难写的，一定要注意几个操作的前后顺序，具体细节请阅读参考程序。

［参考程序］

```
program work7_3(input,output);
type point=^node;                    //双向链表结构
     node=record
              data:integer;
              front,next:point
           end;
var  m,n,s,k,i,j:integer;
     p,q,head,temp:point;
begin{main}
     assign(input,'fold.in');
     reset(input);
     assign(output,'fold.out');
     rewrite(output);
     head:=nil;
     read(m,s,n,k);                  //以下读入数据,初始化双向链表
     for i:=1 to m do
     begin
         new(p); p^.data:=i; p^.front:=head;
         if i=1 then temp:=p else head^.next:=p;
         head:=p;
     end;
     temp^.front:=p;
     p^.next:=temp;
     head:=temp;
     for i:=1 to s-1 do              //寻找起始位置
     begin
        head:=head^.next;
     end;
     for i:=1 to m do                //分类讨论,出到第奇数人时顺时针,否则逆时针
     begin
         if i mod 2=1 then           //顺时针
         begin
             for j:=1 to n-1 do      //找到应该出圈的数
```

```
            begin
                  head:=head^.next;
            end;
            write(head^.data);
            if i=m then writeln else write(' ');
            p:=head^.front;
            q:=head^.next;
            p^.next:=q;
            q^.front:=p;
            dispose(head);  //删除出圈的数
            head:=p;
      end
      else                    //逆时针,程序代码与顺时针类似
      begin
            for j:=1 to k-1 do
            begin
                  head:=head^.front;
            end;
            write(head^.data);
            if i=m then writeln else write(' ');
            p:=head^.front;
            q:=head^.next;
            p^.next:=q;
            q^.front:=p;
            dispose(head);
            head:=q;
      end;
   end;
   close(input);
   close(output);
end.
```

[**程序测试**]

输入:

12

3

5

1

输出：

7 6 12 11 5 4 2 1 3 10 8 9

输入：

30

30

1

1

输出：

30 29 1 28 2 27 3 26 4 25 5 24 6 23 7 22 8 21 9 20 10 19 11 18 12 17 13 16 14 15

7.4　躲避游戏(escape)

［问题描述］

在一个山顶上有许多洞，有一只兔子和一只狐狸各住一个洞，狐狸总想吃掉兔子。一天兔子对狐狸说："你想吃我，找到我就可以，但有一个条件，第一次你隔一个洞找我，第二次隔两个洞找我，以后依次类推，次数不限。"狐狸想这容易，就答应了。兔子根据山顶上洞的个数，找到一个洞躲在里面，狐狸从第一个洞开始，找了 n 次，就是找不到，最后狐狸还是吃不到兔子。请你根据山顶上洞的情况安排兔子躲藏，让狐狸找不到。

［输入文件］

输入文件 escape.in 一行两个整数，依次为山顶上的洞的个数 k($k<100$)及狐狸寻找的次数 n($n<100000$)。

［输出文件］

输出文件 escape.out 一行若干整数，为狐狸找不到的洞的编号。

假定洞口从狐狸寻找的第一洞开始编号，输出的每个整数之间用一个空格隔开。

［输入样例］

5 1000

［输出样例］

2 4

［思路点拨］

本题与上一题比较类似，也可以采用模拟的方法解决。不同之处在于，洞的个数不会减少，即不用做删除结点的操作。由于寻找的次数可能很大，即寻找的间隔很大，而山顶上洞的个数很少，注意到向后找 m 与向后找 $m+k$ 的效果是一样的，所以每次数的时候都可以用当前要前进的洞数 mod k，这样一个小小的优化可以大大降低算法的时间复杂度。

［参考程序］

```
program work7_4(input,output);
type pointer=^pointtype;
     pointtype=record
                  data:longint;
                  flag:boolean;
                  next:pointer;
                end;
var head:pointer;
    n,k:longint;

procedure pretreatment;          //建立链表结构
  var p,q:pointer;
      i:longint;
  begin
    readln(k,n);
    new(head); head^.data:=1; head^.flag:=true; head^.next:=nil;
    p:=head;
    for i:=2 to k do
      begin
        new(q); q^.data:=i; q^.flag:=false; q^.next:=nil;
        p^.next:=q; p:=p^.next;
      end;
    p^.next:=head;
  end;

procedure solve;                 //寻找答案
  var p:pointer;
      i,j:longint;
  begin
    p:=head;
```

```
    for i:=2 to n do
      begin
        for j:=1 to i mod k do p:=p^.next; //这里用到了思路点拨中的优化
        p^.flag:=true;
      end;
  end;

procedure print;                    //输出
  var p:pointer;
      i:longint;
      first:boolean;
  begin
    first:=true;                    //first 用于控制输出格式
    p:=head;
    for i:=1 to k do
      begin
        if not p^.flag then
          if first then begin write(p^.data); first:=false; end
                   else write(' ',p^.data);
        p:=p^.next;
      end;
    writeln;
  end;

begin{main}
  assign(input,'escape.in');
  reset(input);
  assign(output,'escape.out');
  rewrite(output);
  pretreatment;                     //建立链表结构
  solve;                            //寻找答案
  print;                            //输出
  close(input);
  close(output);
```

end.

［程序测试］

输入：

26 2500

输出：

4 5 7 9 11 12 17 18 20 22 24 25

第 8 章 算法初步

一、基本知识题

1. 在待排序的数据表已经有序时，下列排序算法中花费时间反而多的是________。

A. 堆排序　　B. 选择排序　　C. 冒泡排序　　D. 快速排序

2. 某数列有 1000 个各不相同的单元，由低至高按序排列，现要对该数列进行二分查找，在最坏的情况下，需要查找________个单元。

A. 1000　　B. 10　　C. 100　　D. 500

3. 写出下列算法的时间复杂度或空间复杂度。

（1）
```
procedure  prime(n:integer);  {n 的值为一个正整数}
begin
  x=2;
  while  ((n mod x)<>0) and (x<sqrt(n)) do x:=x+1;
  if x>sqrt(n) then writeln(n: 6, ' is a prime number.')
               else writeln(n:6, ' is not a prime number.')
end;
```
时间复杂度________。

（2）
```
function  sum1(n:integer):real;
begin
  p:=1;sum:=0;
  for x:=1 to n do
    begin p:=p * x;sum:=sum+p;end;
  sum1:=sum;
end;
```
时间复杂度________。

（3）
```
function  sum2(n):real;
begin
```

```
    sum:=0;
    for x:=1 to n do
    begin
      p:=1;
      for y:=1 to x do p:=p * y;
      sum:-sum+p;
    end;
    sum2:=sum;
  end;
```

时间复杂度________。

(4) procedure sort(a,n);　{a 为一数组类型}

```
  begin
    for x:=1 to n-1 do
    begin
      k:=x;
      for y:=x+1 to n do if a[y]<a[k] then k:=y;
      if  k<>x  then  交换 a[x]与 a[k]
    end;
  end;
```

时间的复杂度________;空间复杂度________。

(5) procedure　matrimult (a,b,c);　{a,b,c 为三个数组类型}

```
  begin
    for x:=1 to m do
      for y:=1 to n do
         c[x,y]:=0;
    for x:=1 to m do
      for y:=1 to n do
         for k:=1 to t do
            c[x,y]:=c[x,y]+a[x,k] * b[k,y]
  end;
```

时间复杂度________;空间复杂度________。

[答案与解析]

1. D

2. B

3. (1) $O(\sqrt{n})$ (2) $O(n)$ (3) $O(n^2)$

(4) 时间复杂性:$O(n^2)$,空间复杂性:$O(n)$。

(5) 时间复杂性:$O(m\times n\times t)$,当 $m=n=t$,则为 $O(n^3)$。

空间复杂性:$O(m\times n+m\times t+n\times t)$,当 $m=n=t$ 则为 $O(n^2)$。

二、写出下列程序的运行结果

1.
```
Program  lx8_1;
var  x,y,w,r,q:integer;
begin
  readln(x,y);
  r:=x;w:=y;q:=0;
  while w<r do w:=w+w;
  while  w>y  do
  begin
    w:=w div 2;q:=q+q;
    if r>=w then begin q:=q+1;r:=r-w;end;
  end;
  writeln( x, '/' , y, '=', q , '...' , r );
end.
```

运行程序,输入:356　23

输出结果是:________。

2.
```
Program  lx8_2;
type arr=array[1..1000] of integer;
var b,c,d:arr;
    da,x,x1,k,max,num,y:integer;
begin
  max:=0;num:=1000;
  for x:=2 to num do b[x]:=x;
  for x:=2 to num do
    if b[x]<>0 then
    begin
      k:=x+x;
      while  k<=num  do
      begin  b[k]:=0;k:=k+x;end;
```

```
    end;
  for x:=2 to num-1 do
    if b[x]<>0 then
    begin
      y:=1;d[y]:=b[x];
      for x1:=x+1 to num do
        if b[x1]<>0 then
        begin
          da:=b[x1]-b[x];k:=da;
          while (x+k<=num) and (b[x+k]<>0) do
          begin
            y:=y+1;d[y]:=x+k;k:=k+da;
          end;
          if y>max then begin max:=y;c:=d;end;
          y:=1;
        end;
    end;
  writeln('print  is: ', max );
  write('the  string  is : ');
  for x:=1 to max do write(c[x]:4);
end.
```

运行程序,输出结果是________。

3.
```
program  lx8_3;
const n=4;
type tt=array[1..100] of char;
var inp,t:tt;
    k,num:integer;
procedure push (out,s:tt;it,ot,st:integer);
var k:integer;
    c:tt;
begin
    if  it>0  then  begin
                      c:=s ;
                      c[st+1]:=inp[it] ;
```

```
                push(out , c, it-1,ot,st+1);
              end;
      if  st>0  then  begin
                c:=out ;
                c[ot+1]:=s[st];
                push(c, s, it,ot+1,st-1);
              end;
      if  ot=n  then  begin
                num:=num+1;
                for  k:=1 to  n  do write(out[k]);
                write(' ');
              end;
  end;
  begin {main}
    for  k:=n  downto 1  do  inp[k]:=chr(65-k+n);
    num:=0;
    push(t,t,n,0,0);
    writeln;
    writeln('num=',num);
  end.
```

运行程序,输出结果是________。

4.
```
program  lx8_4;
var n:integer;
function d(n:integer):longint;
begin
  case  n  of
        1:d:=0;
        2:d:=1;
        else d:=(n-1) * (d(n-1)+d(n-2));
  end;
end;
begin  {main}
 repeat
    write('n=');
```

```
    readln(n);
    if  n<=0  then  writeln('Once more!') ;
  until n>0;
  writeln('d=',d(n));
end.
```

运行程序,分别输入 n=1～8,其输出结果分别是________。

[答案与解析]

1. 运行结果是:356/23=15…11

(1) 该题关键两个循环结构,第一个循环是将 w 值翻倍(即除数翻倍)直到大于$r(x)$;

(2) 统计 r 里有多少个除数,用减法代替除法,统计的个数即为商,最后差为余数;

(3) 例如:输入 356、23,通过 while w<r do w := w+w;循环得到 w=368;

(4) 统计含除数的个数:

```
while  w>y  do  {当 w 大于除数 y,则需要继续统计所含除数个数}
begin
    w:=w  div  2;  {逆推所含除数的个数}
    q:=q+q;
    if  r >= w  then  begin
                              q:=q+1;r:=r-w;
                          end;
end;
```

x,y 是被除数和除数,在程序运行中没有变化,其他变量的值变化情况分析如下。

执行完第一个循环语句后(while w<r do w := w+w),其变量值如下:

r=356　　w= 368　　q=0

执行第二个循环语句后,其变量变化情况如下:

① w=184　　q=1　　r=174

② w= 92　　q=3　　r=80

③ w= 46　　q=7　　r=34

④ w= 23　　q=15　　r=11

当w=23 不满足循环条件时退出循环。执行:

```
writeln( x,'/' , y, '=', q ,'…' , r );
```

结果为:356/23=15…11。

2. 本题正确答案是输出 1000 以内成等差数列的最长的素数序列，即输出：

7

7　157　307　457　607　757　907。

(1) 整个程序分为三段，第一段比较明显，是用筛选法求 1000 内的素数：

```
for  x:=2  to  num  do
  if  b[x]<>0  then
    begin
      k:=x+x;
      while  k<=num  do
        begin
          b[k]:=0; k: = k+x; {将 x 倍数的数组元素全部清零}
        end;
    end;
```

(2) 第二段程序比较难理解，其关键在于循环搜索。

首先找出 *b* 数组中第一个不为零的素数，然后将其后的素数与该素数的差作为增量(da)；在 1000 范围内，搜索满足数据间递增量为 da 的素数且保存最长的素数序列。

```
if  b[x1]<>0  then
begin
  da:=b[x1] - b[x]; k:=da;
  y:=1; d[y]:=b[x];
  while  (x+k<=num ) and  (b[x+k]<>0 ) do
  begin
      y:=y+1; {统计成等差数列的素数个数}
      d[y]:=x+k;
      k:=k+da;
  end           {搜索成等差数列的素数，并求该子序列的长度}
  if  y>max  then  begin
                        max:=y; c:=d;
                      end; {保存最长的成等差数列的序列}
  y:=1;  {重新搜索}
end;          {条件语句结束}
```

3. 本题正确答案是：由 A,B,C,D 四个字母的排列，计 14 组。

(1) 本题程序结构非常清晰，主程序仅完成字符数组的赋值、调用过程、输出

num 值。

(2) 通过过程分析,可以看出这是递归调用过程,递归结束的条件是 ot=n,然后输出字符数组 out 的结果。

```
if  ot=n   then  begin
                    num:=num+1;
                    for  k:=1 to  n  do  write(out[k]);
                   write(' ':5);
                 end;
```

(3) 主程序的作用是:

① inp 数组赋值,当 $n=4$ 时,则 inp[1]='A',inp[2]='B', inp[3]='C', inp[4]='D'

② 调用 push 过程,其参数分别表示:存放输出结果的数组(out),临时栈数组(s),栈指针分别用:it=4, ot=0,st=0,num 统计 4 个字符按要求排列的个数。

```
for  k:=n  downto 1  do inp[k]:=chr(65-k+n1);
num:=0;
push( t, t, n, 0 , 0);
writeln('num=',num) ;
```

(4) 过程 push 是一个双递归过程,其中第一个递归调用是将 inp 数组元素入栈。

```
if  it >0  then
    begin
      c:=s;
      c[st+1]:=inp[it];
      push(out,c,it-1,ot,st+1);
    end;
if  st>0  then
    begin
      c:=out;
      c[ot+1]:=s[st];
      push(c, s, it,ot+1,st-1);
    end;
```

第二个递归过程是将栈内元素输出到 out 数组中,由此我们可以设想这是一个将 n 个元素(已经存入栈 inp,进栈次序是 A,B,C,D)通过中间栈(s),再进入另一个输出栈(out)的字符输出的所有可能问题或火车车厢(A,B,C,D)的调度问题,如图 8-1所示。

(5) 通过图示，我们很快找出问题的解答：

DCBA　CDBA　CBDA　CBAD　BDCA

BCDA　BCAD　BADC　BACD　ADCB

ACDB　ACBD　ABDC　ABCD

Num=14

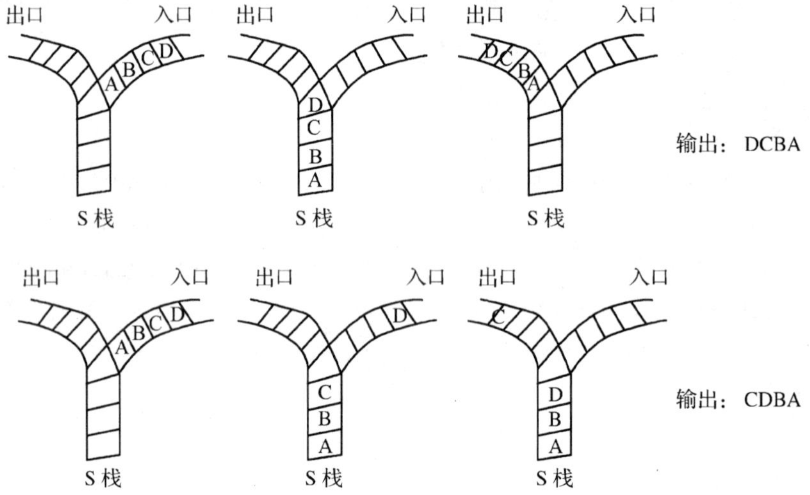

图 8-1　火车车厢调度

4. 本题正确答案如下：

$n=1$　$d=0$，　$n=2$　$d=1$，　$n=3$　$d=2$，　$n=4$　$d=9$

$n=5$　$d=44$，　$n=6$　$d=285$，　$n=7$　$d=1854$，$n=8$　$d=14833$

(1) 该程序结构简单，是一个递归函数计算问题，主程序输入所需要计算函数的参数，通过函数计算 $d(n)$ 的值。

(2) 递归函数计算：

① $n=1$，　$d(1)=0$；

② $n=2$，　$d(1)=1$；

③ $n=3$ 时，通过递归函数计算：$d=(n-1)*(d(n-1)+d(n-2))$；

- $(n-1)=2$，$d(n-1)=d(2)=1$，$d(n-2)=d(1)=0$，
- $d(3)=2*(1+0)=2$；

④ $n=4$ 时，$(n-1)=3$，$d(n-1)=d(3)=2$，$d(n-2)=d(2)=1$，

所以：$n=4$，$d(4)=(n-1)*(d(3)+d(2))=3*(2+1)=9$；

⑤ $n=5$ 时，$(n-1)=4$，$d(n-1)=d(4)=9$，$d(n-2)=d(3)=2$，

所以：$n=5$，$d(5)=(n-1)*(d(4)+d(3))=4*(9+2)=44$；

由此可以得到本问题的递推公式：

$d(1)=0$

$d(2)=1$

$d(3)=2*(d(2)+d(1))$

$d(4)=3*(d(3)+d(2))$

……

$d(n)=(n-1)*(d(n-1)+d(n-2))$

本题是一个错排问题程序：即有 n 封信，插入 n 个信封中，问全部信件都插错的机会有多少次。

三、完善程序

求子串位置

问题描述：从键盘输入两个字符串 $x1$，$x2$，要求查找出 $x2$ 在 $x1$ 字符串中的起始位置。

算法说明：

(1) 用两个变量分别表示输入的字符串，并求出两个字符串的长度。

(2) 利用 i，j 变量作为扫描两个字符串的指针。

(3) 扫描两个字符串，当其相等时，将指针指向下一个字符，当 j 的值大于 $len2$，则输出 $x2$ 在 $x1$ 中的位置。

(4) 若子串位置不匹配，则使 i 的指针回溯，j 指针重新指向子串的第一个字符。

```
program   lx8_5;
var x1,x2:string;
    i,j,len1,len2,ps:integer;
function   pos1(r1,r2:string;l1,l2:integer):integer;
  var i,j:integer;
  begin
     i:=1;j:=1;
     while (i<=l1) and (j<=l2 )   do
       if r1[i] = r2[j] then   begin ___③___ ; ___④___ end
                          else   begin  ___⑤___ ; ___⑥___ end;
     if j>l2   then ___⑦___   else   ___⑧___ ;
  end;
begin   {main}
         readln(x1);readln(x2);
         writeln(x1);writeln(x2);
```

```
    len1:= ___①___;
    len2:= ___②___;
    ps:=pos1(x1,x2,len1,len2);
    writeln(ps:5);
end.
```

[答案与解析]

本题是求一个子字符串在原串中的位置，通常称为字符串的“模式匹配”。这种问题的解法有多种，该算法比较简单，这里采用的回溯搜索方法。

(1) 根据题意可以知道，主程序是输入字符串以及调用函数，因此在调用函数前，必须知道两个字符串的长度，所以①②处填写：length(x1)；length(x2)；

(2) 函数 pos1 是本题算法实现的过程，i、j 分别指向 r1(x1)、r2(x2)两个字符串的当前位置，当其指向位置字符相等时，需要继续搜索下一个字符，所以③、④处应该填写：i:=i+1;j:=j+1;(指针向下移动)。

```
begin
    i:=1; j:=1;
    while (i<=L1) and (j<=L2 )   do
      if r1[i] = r2[j] then   begin ___③___ ; ___④___ end
                        else   begin ___⑤___; ___⑥___end;
    if j>L2   then___⑦___   else ___⑧___ ;
end;
```

(3) 一旦两个字符串当前位置的字符不相同，则回溯重新搜索。这里关键是回溯的位置即指针返回位置：对于原串，则 *i* 不能回到初始位置，而需要回到刚刚扫描所经历长度(*j*,从第一个相等字符位置到目前扫描的长度)的位置的下一个字符位置，因此⑤处应填写 i−j+2，而⑥处则是子字符串起始位置 j:=1；

(4) 当循环搜索结束时，如果子字符串的扫描指针已经超过其本身长度，说明找到子串的位置，否则就没有找到子串位置，因此这里需要给函数赋值，所以⑦、⑧两处分别填写为：pos1:= i−L2;pos1:=0;所以，本程序归纳为：

① length(x1)　　② length(x2)
③ i:=i + 1　　④ j:=j+1
⑤ i:=i−j+2　　⑥ j:=1
⑦ pos1:=i−L2　　⑧ pos1:=0

四、编程题

1. 邮票问题

邮局发行一套票面，有 4 种不同面值的邮票，如果每封信所贴邮票张数不超过 3 枚，存在整数 *r*，使得用不超过 3 枚的邮票，可以贴出连续的整数 1，2，3，…，*r* 来，找出这 4 种面值数，使得 *r* 值最大。

［**思路点拨**］

首先，可以设计一个函数用来求出邮票面值为 a、b、c、d 情况下的最大 *r* 值，方法是穷举每种面值邮票使用的数量（见参考程序中的 *number* 函数），采用一个集合来判断是否能组成 1～*r*。

主程序中从小到大依次穷举每种邮票的面值 a、b、c、d，因为必须贴出 1 来，所以 a=1。每次调用 number 函数，产生一个解 *x*，通过打擂台记录最优的那组解 x0，输出 x0 及具体方案（a、b、c、d 值）即可。

［**参考程序**］

```
program   work8_1(input,output);
var a,b,c,d,x,x0,x1,x2,x3,x4:integer;

function number(a,b,c,d:integer):integer; {求一种方案下的最大连续值 r}
var n1,n2,n3,n4,sum:integer;
    st1:set of 1..100;
begin
    st1:=[ ];       {集合初始化为空}
    for n1:=0 to 3 do       {以下分别穷举每种面值邮票的数量}
       for n2:=0 to 3-n1 do
         for n3:=0 to 3-n1-n2 do
           for n4:=0 to 3-n1-n2-n3 do
             if n1+n2+n3+n4<=3 then  {总计不超过 3 枚}
               begin
                 sum:=n1 * a+n2 * b+n3 * c+n4 * d;{计算信封的邮票面值}
                 st1:=st1+[sum]              {添加到集合中}
               end;
    sum:=1;
    while sum in st1 do sum:=sum+1;{穷举计算出能构成的连续最大值}
    number:-sum-1;  {函数返回值}
end;

begin{main}
```

```
    a:=1; x0:=0;
    for b:=a+1 to 3*a+1 do              {以下穷举每种邮票可取值的范围}
      for c:= b+1 to 3*b+1 do
        for d:=c+1 to 3*c+1 do
        begin
          x:=number(a,b,c,d);{调用函数求邮票面值为 a、b、c、d 情况下
                              的最大 r 值}
          if x>x0 then  {打擂台,保存最大面值及邮票方案}
          begin
            x0:=x; x1:=a; x2:=b; x3:=c; x4:=d;
          end;
        end;
  writeln( x1:5, x2:5,x3:5,x4:5,'          ', 'r=', x0);
end.
```

[程序测试]

输入：

无

输出：

```
1    4    7    8          r=24
```

2. 巧妙填数

将1～9这九个数字填入一个3行3列的表格中。每一行的三个数字组成一个三位数。如果要使第二行的三位数是第一行的两倍,第三行的三位数是第一行的三倍,应怎样填数。

[思路点拨]

由于这三个数之间存在倍数关系,所以只要知道其中一个数,就可以计算出另外两个数。我们不妨穷举第一个数,然后计算出第二个和第三个数,再判断这3个数是否正好出现了1～9九个不同的数字,方法是把这3个数的9个数字取出来,判断它们的和及乘积是否分别等于45(1+2+3+…+9)和362880(1*2*3*…*9)。

[参考程序]

```
program  work8_2(input,output);
var i,j,k,s:integer;

function sum(s:integer):integer; {求一个数各位数字之和}
begin
```

```
  sum:=s div 100+s div 10 mod 10+s mod 10
end;

function mul(s:integer):longint; {求一个数各位数字之积}
begin
  mul:=(s div 100) * (s div 10 mod 10) * (s mod 10)
end;

Begin{main}
  for i:=1 to 3 do      {以下穷举第一个数,其百位不会超过 3}
    for j:=1 to 9 do
    if j<>i then
      for k:=1 to 9 do
      if (k<>j) and (k<>i) then
      begin
        s:=i * 100+j * 10+k;
        if 3 * s<1000 then
          if (sum(s)+sum(2 * s)+sum(3 * s)=45) and (mul(s) * mul(2 *
            s) * mul(3 * s)=362880)
          then begin  {调用函数判断是否正好用了 1—9 这 9 个数字}
                writeln(s);writeln(2 * s);writeln(3 * s); writeln;
              end;
    end;
end.
```

[**程序测试**]

输入:

　　无

输出:

327

654

981

3. 数塔问题(numbertap)

[**问题描述**]

有如图 8-2 所示的数塔,从顶部出发,每一结点可以选择向左下走或是向右下走，一直走到底层，要求找出一条路径，使路径上的数值的和最接近零。

输入文件 numbertap.in 有若干行，第一行是一个正整数 $n(n\leqslant 20)$，下面共有 n 行整数，每行整数的个数依次是 1，2，…，n 个，行首行末无多余空格。并且每个数字的绝对值不超过 1000000。

输出文件 numbertap.out 只有一行，代表最接近零数值的绝对值。

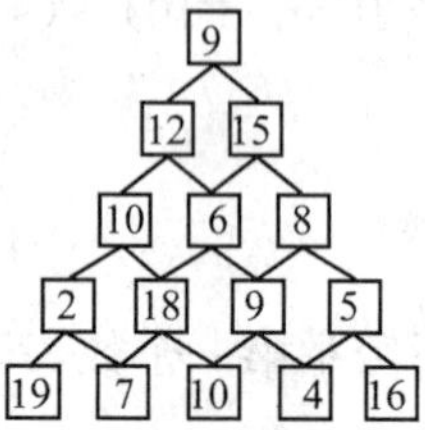

图 8-2　数塔

［样例输入］

5

9

12 15

10 6 8

2 18 9 5

19 7 10 4 16

［样例输出］

40

［思路点拨］

采用类似于"宽搜"的方法，初始化第一行，然后从第二行开始，每次将上一行中所有能得到的和扩展到下一行，找出最后一行最小绝对值的和即可。

［参考程序］

```
program work8_3(input,output);
var min,n,i,j,k,p,h,v:longint;
    s,a,e:array[1..20,1..20] of longint;   {a 为读入的数塔}
    {s[i,j] 表示从 a[1,1]扩展到 a[i,j]时，在队列中的起始地址}
    {e[i,j] 表示从 a[1,1]扩展到 a[i,j]时，在队列中的结束地址}
    {换句话说，对 a[i,j]的扩展就是从队列的 s[i,j]位置扩展到 e[i,j]位置}
    g:array[0..2500000] of longint;          {宽搜用的队列}
begin
  assign(input,'numbertap.in');
```

```
assign(output,'numbertap.out');
reset(input);
rewrite(output);
readln(n);
for i:=1 to n do
  for j:=1 to i do
    read(a[i,j]);
g[1]:=a[1,1];
s[1,1]:=1; e[1,1]:=1;        {第一行只有一个和}
h:=1;    {h表示宽搜的开头}
v:=0;
for i:=2 to n do  {从第2行开始到n行}
  for j:=1 to i do  {穷举第i行的i个位置}
    begin
      if (i=n) and (v=0) then v:=h+1;{记录最后一行的和的起始位置}
      p:=h;    {p表示宽搜的结束}
      if j<>1 then          {最左边的无法从上一行左边的和开始扩展}
        for k:=s[i-1,j-1] to e[i-1,j-1] do
          begin
            inc(p);
            g[p]:=g[k]+a[i,j];
          end;
      if i<>j then          {最右边的无法从上一行右边的和开始扩展}
        for k:=s[i-1,j] to e[i-1,j] do
          begin
            inc(p);
            g[p]:=g[k]+a[i,j];
          end;
      s[i,j]:=h+1;          {记录下每个数的和开始与结束的位置}
      e[i,j]:=p;
      h:-p;                 {当前和的总个数}
    end;
min:=maxlongint;
for i:=v to h do            {取最优值}
```

```
    if abs(g[i])<min then min:=abs(g[i]);
  writeln(min);
  close(input);
  close(output);
end.
```

［程序测试］

输入：

```
6
-8
23 325
98 -435 -4
-32 7 29 2
32 -89 53 34 58
34 -6  54 43 3 33
```

输出：

```
4
```

输入：

```
5
8
11 14
9 5 7
1 17 8 4
18 6 9 3 15
```

输出：

```
35
```

4. 选数

已知 $n(1\leqslant n\leqslant 20)$ 个整数 $x_1, x_2, \cdots, x_n(1\leqslant x_i\leqslant 5000000)$，以及一个整数 $k(k<n)$。从 n 个整数中任选 k 个整数相加，可分别得到一系列的和。现在，要求你计算出和为素数的情况共有多少种。

比如输入：

```
6 2
2
3
```

4

7

11

13

则输出：

5

［思路点拨］

通过举例和初步的推导，我们发现本题无数学公式可寻，但 1<=n<=20 这个约束条件暗示我们穷举搜索还是有希望的。

判断一个整数 P(P>1)是否为素数最简单的方法就是看是否存在一个素数 a (a<=$sqrt$(P))是 P 的约数，如果不存在，该数就为素数，由于本题中 1<=xi<=5000000，n<=20，所以要判断的数 P 不会超过 100000000，$sqrt$(p)<=10000，因此，为了加快速度，我们可以用筛选法将 2…10000 之间的素数保存到一个数组里(共 1229 个)，这样速度估计将提高 5～6 倍。

［参考程序］

```
program work8_4(input,output);
var total,n,k,i,h,j:longint;
    a:array[1..20] of longint;
    g:array[0..2000] of longint;
   f:boolean;

function prime(y:longint):boolean;    {判断素数}
var i:longint;
begin
  prime:=true;
  for i:=1 to h do
    if y>g[i] then
    begin
      if y mod g[i]=0 then
        begin
          prime:=false;
          break;
        end
    end
```

```
      else break;
    if y=1 then prime:=false;
  end;

  procedure search(m,p,sum:longint); {从第 m 位开始,已经选取了 p 个数,当前和为 sum}
  var i,v:longint;
  begin
    if p=k then  {当前已经选取了 k 个,那么判断和 sum 是否为素数}
      begin
        if prime(sum) then inc(total);
        exit;
      end;
    v:=n-k+p+1;  {当前位置最多能选取到第几位}
    for i:=m to v do  {递归搜索}
      search(i+1,p+1,sum+a[i]);
  end;

  begin{main}
    readln(n,k);
    for i:=1 to n do read(a[i]);
    h:=1; g[1]:=2;          {h 为素数表 g 的指针,第 1 个素数为 2}
    for i:=3 to 9997 do {用筛选法求出 10000 以内的素数表 g}
      begin
        f:=true;
        for j:=1 to h do
          if i mod g[j]=0 then
            begin
              f:=false;
              break;
            end;
        if f then
          begin
            inc(h);
```

```
            g[h]:=i;
          end;
        end;
    total:=0;      {计数器清零}
    search(1,0,0);     {从第1位开始,已经选取了0个数,当前和为0}
    writeln(total);
  end.
```

[**程序测试**]

输入:

5 2

1

2

3

4

5

输出:

5

输入:

8 5

2

3

5

7

11

13

17

19

输出:

8

5. 方格填数

如图 8-3 所示,有 4 行方格,第一行有一个方格,第二行有两个方格,第三行有三个方格,第四行有四个方格,这 10 个格子中填入 0～9 这 10 个不同的数字,每行构成一个自然数,组成 4 个位数各不相同的自然数,已知这 4 个自然数都是某个整数的平方，求出所有的填写方案。一种可行的方案：9，81，324，7056。

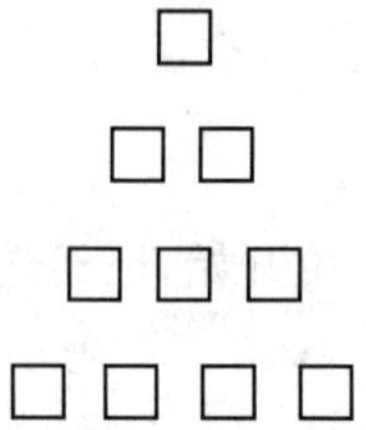

图8-3　方格填数

[思路点拨]

平方数分别为一、二、三、四位数的整数的范围为1～3，4～9，10～31，32～99。穷举每行原本的整数，再将它们的平方数一位一位拆开，判断是否为0～9这十个数字即可。

[参考程序]

```
program work8_5(input,output);
Var A:Array[0..9] Of 0..1;
    i,j,m,n,s:Integer;
Begin
  For i:=1 To 3 Do  {穷举每行原本的整数}
    For j:=4 To 9 Do
      For m:=10 To 31 Do
        For n:=32 To 99 Do
        Begin
          FillChar(A,SizeOf(A),0);  {每次把数组A清零}
          A[i*i Mod 10]:=1;{以下记录已经出现的数字}
          A[j*j Div 10]:=1;
          A[j*j Mod 10]:=1;
          A[m*m Div 100]:=1;
          A[m*m Mod 100 Div 10]:=1;
          A[m*m Mod 10]:=1;
          A[n*n Div 1000]:=1;
          A[n*n Mod 1000 Div 100]:=1;
          A[n*n Mod 100 Div 10]:=1;
          A[n*n Mod 10]:=1;
          s:=0;
```

```
        For j:=0 To 9 Do s:=s+A[j];       {判断数字是否全部出现过}
        If s=10 Then Writeln(i*i,' ',j*j,' ',m*m,' ',n*n);
    End;
End.
```

[程序测试]

输入:

无

输出:

9 81 324 7056

9 81 576 2304

6. 交谈

来自不同国家的 4 位留学生 A、B、C、D 在一起交谈,他们每人只会中、英、法、日 4 种语言中的 2 种,情况是:没有人既能讲日语又能讲法语;A 能讲日语,D 不会日语,但 A 和 D 能互相交谈,B 不会英语,但 A 和 C 交谈时却要 B 当翻译;B、C、D 3 人想互相交谈,但找不到共同的语言;只有一种语言 3 人都会。请编程确定这四人分别会哪两种语言。

[思路点拨]

穷举每个人会讲的两种语言,然后判断该种情况是否符合题意。因为 B、C、D 3 人找不到共同的语言,A、C 不能直接交谈,所以会同一种语言的是 A、B、D。

注意参考程序中集合里的 1、2、3、4 分别代表中、英、法、日 4 种语言,a1、a2、a3、a4 代表 A、B、C、D 会的语言集合。

[参考程序]

```
program work8_6(input,output);
type arawo=set of 1..4;
var a1,a2,a3,a4:arawo;
    c:array[1..4] of string;
    k1,k2,k3,k4,j1,j2,j3,j4:longint;
begin
  c[1]:='Chinese';
  c[2]:='English';
  c[3]:='French';
  c[4]:='Japanese';
  k1:=4;                    {A 能讲日语}
  for j1:=1 to 3 do         {穷举每个人会讲的两种语言}
```

```
      for j2:=1 to 3 do
      for k2:=j2+1 to 4 do
        for j3:=1 to 3 do
          for k3:=j3+1 to 4 do
            for j4:=1 to 2 do
              for k4:=j4+1 to 3 do              {D不会日语}
              begin
                a1:=[j1,k1];
                a2:=[j2,k2];        {将每人会的语言加入集合中}
                a3:=[j3,k3];
                a4:=[j4,k4];
                if [3,4]=a1 then break;
                if [3,4]=a2 then break;
                if [3,4]=a3 then break;  {没有人既能讲日语又能讲法语}
                if [3,4]=a4 then break;
                if a1*a4=[] then break;  {A和D能互相交谈}
                if 2 in a2 then break;  {B不会英语}
                if a1*a3<>[] then break;
                if a1*a2=[] then break;  {A和C交谈时却要B当翻译}
                if a2*a3=[] then break;
                if a2*a3*a4<>[] then break;  {B、C、D三人找不到共同
                                              的语言}
                if a1*a2*a4=[] then break;  {只有一种语言3人都会}
                writeln('A: ',c[j1],' ',c[k1]);
                writeln('B: ',c[j2],' ',c[k2]);
                writeln('C: ',c[j3],' ',c[k3]);
                writeln('D: ',c[j4],' ',c[k4]);
              end;
end.
```

[**程序测试**]

输入：

无

输出：

A: Chinese Japanese

B：Chinese French

C：English French

D：Chinese English

7. 物质使用统计(count)

[问题描述]

有 n 种基本物质($n\leqslant 10$)，分别记为 $P_1, P_2, \cdots, P_n$，用 n 种基本物质构造物质，这些物品使用在 k 个不同地区($k\leqslant 20$)，每个地区对物品提出自己的要求，这些要求用一个二维表表示：A_{ij} 表示第 i 个地区对第 j 种物质的要求，其中：$A_{ij}=1$ 表示 i 地区所需物质中必须有第 j 种基本物质；$A_{ij}=-1$ 表示 i 地区所需物质中必须不能有第 j 种基本物质；$A_{ij}=0$ 表示无所谓。当 k 个地区对 n 种物质的要求给出之后，求出符合要求的物质使用方案，输出方案总数。

[输入格式]

输入文件 count. in，第一行有用一个空格隔开的两个整数，分别表示物质数量 n 和地区数量 k，以下 k 行数据每行均为用一个空格隔开的 n 个整数，表示 k 个地区对 n 种物质的要求，最后无空格。

[输出格式]

输出文件 count. out，只有一行，包含“total=”和一个整数，表示方案总数。

[样例输入]

2 2

1 1

0 1

[样例输出]

total=1

[思路点拨]

对于任意一种物质，① 如果 1 和 −1 同时出现在要求中，则不可能有符合的方案数；② 如果 1 和 −1 中有且仅有 1 个出现，则这个物质是否要有已经确定；③ 如果所有地区对这种物质的要求都为 0，则该物质可有取和不取两种可能性。

每种物质的取与不取是相互独立的，所以只要直接相乘即可。

[参考程序]

```
program   work8_7(input,output);
var i,j,k,n,s,x,total,y:longint;
    a:array[1..10,1..20] of longint;
begin
  assign(input,'count.in');
```

```
  reset(input);
  assign(output,'count.out');
  rewrite(output);
  readln(n,k);
  for i:=1 to k do
    for j:=1 to n do read(a[j,i]);
  s:=0;
  for i:=1 to n do
  begin
    x:=0; y:=0;
    for j:=1 to k do
      if a[i,j]=1 then inc(y)                         {统计1的个数}
                else if a[i,j]=-1 then inc(x);    {统计-1的个数}
     if (x>0) and (y>0)
       then total:=0        {情况①,将基数赋为0,相乘后必为0}
       else if (x=0) and (y=0) then inc(s);  {情况③,统计要乘2的次数}
  end;
  total:=1;
  for i:=1 to s do total:=total*2;
  writeln('total=',total);
  close(input);
  close(output);
end.
```

[**程序测试**]

输入：

```
10 20
-1 -1  0  0 -1 -1 -1  0  0 -1
-1 -1 -1 -1 -1 -1 -1 -1 -1 -1
-1 -1 -1 -1 -1 -1 -1 -1 -1 -1
-1 -1 -1 -1 -1 -1 -1 -1 -1 -1
-1 -1 -1 -1  0 -1 -1 -1 -1 -1
-1 -1 -1 -1 -1  0 -1 -1 -1 -1
-1 -1 -1 -1 -1 -1 -1 -1 -1 -1
-1  0 -1 -1 -1 -1 -1 -1 -1 -1
```

```
-1  0 -1 -1 -1 -1 -1 -1  0 -1
 0 -1 -1 -1 -1  1 -1 -1 -1  0
-1 -1 -1 -1 -1 -1 -1 -1 -1 -1
-1 -1 -1 -1 -1 -1 -1  1 -1 -1
-1 -1 -1 -1  0 -1 -1 -1 -1 -1
-1 -1 -1 -1 -1 -1  0 -1 -1 -1
-1 -1  0 -1 -1 -1 -1 -1 -1 -1
-1 -1 -1 -1 -1 -1 -1 -1 -1 -1
-1 -1 -1 -1 -1 -1 -1 -1 -1 -1
-1 -1 -1  0 -1 -1 -1 -1 -1 -1
-1 -1 -1 -1 -1  0 -1 -1 -1 -1
-1 -1 -1 -1 -1 -1 -1 -1 -1 -1
```

输出：

total=0

输入：

```
9 9
0 0 0 0 0 0 0 0 0
0 0 0 0 0 0 0 0 0
0 0 0 0 0 0 0 0 0
0 0 0 0 0 0 0 0 0
0 0 0 0 0 0 0 0 0
0 0 0 0 0 0 0 0 0
0 0 0 0 0 0 0 0 0
0 0 0 0 0 0 0 0 0
1 1 1 1 1 1 1 1 1
```

输出：

total=1

8. 数字游戏(magic)

[问题描述]

数字方格填数的游戏有很多种变化，如图 8-4 所示的 4×4 方格中，我们要选择从数字 1 到 16 来填满这十六个格子(A_{ij}，其中 i=1..4，j=1..4)。为了让游戏更有挑战性，我们要求下列六项中的每一项所指定的四个格子，其数字累加的和必须为 34。

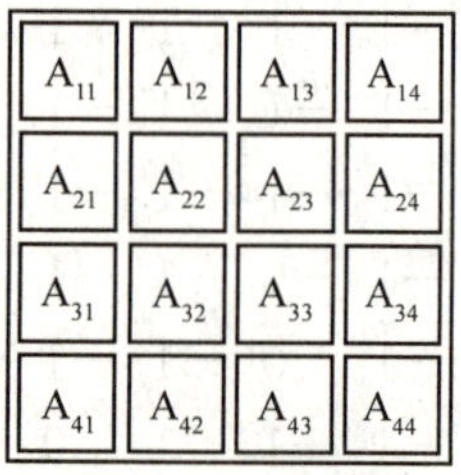

图 8-4　数字游戏

四个角落上的数字，即 $A_{11}+A_{14}+A_{41}+A_{44}=34$。

每个角落上的 2×2 方格中的数字，例如左上角：$A_{11}+A_{12}+A_{21}+A_{22}=34$。

最中间的 2×2 方格中的数字，即 $A_{22}+A_{23}+A_{32}+A_{33}=34$。

每条水平线上四个格子中的数字，即 $A_{i1}+A_{i2}+A_{i3}+A_{i4}=34$，其中 $i=1..4$。

每条垂直线上四个格子中的数字，即 $A_{1j}+A_{2j}+A_{3j}+A_{4j}=34$，其中 $j=1..4$。

两条对角线上四个格子中的数字，例如左上角到右下角：$A_{11}+A_{22}+A_{33}+A_{44}=34$。

右上角到左下角：$A_{14}+A_{23}+A_{32}+A_{41}=34$。

［输入格式］

输入文件 magic.in，只有一行，包含两个正数据 i 和 j，表示第 i 行和第 j 列的格子放数字 1。

1 固定在 A_{11}，剩下的 15 个格子，请按照前述六项条件用数字 2 到 16 来填满。

［输出格式］

输出文件 magic.out，把全部的正确解答用每 4 行一组写到文件中，每行四个数，相邻两数之间用一个空格隔开，两组答案之间，要以一个空白行相间，并且依序排好。排序的方式，是先从第一行的数字开始比较，每一行数字，由最左边的数字开始比，数字较小的解答必须先输出到文件中。

［样例输入］

```
3 4
```

［样例输出］

```
2 7 9 16
12 13 3 6
15 10 8 1
5 4 14 11

2 7 9 16
14 11 5 4
15 10 8 1
```

3 6 12 13

2 7 11 14
16 9 5 4
13 12 8 1
3 6 10 15

……

[思路点拨]

本题采用搜索的方法解决。从第 1 格开始每次穷举每格的数字，判断这个数字是否可以填入这个格子，然后穷举下一个格子，直到所有格子全部填上数后输出解。需要注意的是必须每填入一个数后立刻判断可行性，否则程序的效率会非常低。

[参考程序]

```
program work8_8(input,output);
var sx,sy,cross1,cross2:longint;
                //cross1 表示类似于/这样的对角线的和
                //cross2 表示类似于\这样的对角线的和
    map:array[1..4,1..4] of longint;        //用来存结果
    h:array[1..16] of boolean;              //表示 i 是否用过
    line,row:array[1..4] of longint;        //表示每行和每列的和
    flag:boolean;                           //用来判断是否输出空行

function chkline(x:longint):boolean;        //判断 x 行是否满足条件
var tot:longint;
begin
  tot:=map[x,1]+map[x,2]+map[x,3]+map[x,4];
  if tot<>34 then exit(false)
          else exit(true);
end;

function chkrock(x,y:longint):boolean;  //判断一个 2*2 的矩阵是否满足条件
var tot:longint;
begin
  tot:=map[x,y]+map[x,y-1]+map[x-1,y]+map[x-1,y-1];
```

```
  if tot<>34 then exit(false)
              else exit(true);
end;

function chk(p:longint):boolean;      //判断 p 这个位置是否可以填入那个数
var  x,y:longint;
begin
     chk:=true;
     if p=0 then exit;
     x:=(p-1) div 4 + 1;
     y:=(p-1) mod 4 + 1;              //转换成列
     if p mod 4=0 then
       if not chkline(x) then exit(false);
     if (p=6) or (p=8) or (p=14) or (p=16) or (p=11)
       then if not chkrock(x,y) then exit(false);          //判断 2*2
     if p=13 then if cross1<>34 then exit(false);          //判断对角线
     if p=16 then if cross2<>34 then exit(false);
     if x=4 then if row[y]<>34 then exit(false);           //判断列
end;

procedure init(x,y,t:longint);        //将(x,y)这个位置填入 t,更新数据
begin
   inc(line[x],t);
   map[x,y]:=t;
   inc(row[y],t);
   if (x=y) then cross2:=cross2+t;
   if (x+y=5) then cross1:=cross1+t;
   h[t]:=true;                        //将 t 标志今后不能再用
end;

procedure out(x,y,t:longint);         //退场
begin
   dec(line[x],t);
   map[x,y]:=0;
```

```
  dec(row[y],t);
  if (x=y) then cross2:=cross2-t;
  if (x+y=5) then cross1:=cross1-t;
  h[t]:=false;
end;

procedure solve(p:longint);              //回溯算法
var i,x,y,j:longint;
begin
  if not chk(p-1) then exit;
  if p=17
  then begin
         if not flag then writeln;
         flag:=false;
         for i:=1 to 4 do
         begin
           write(map[i][1]);
           for j:=2 to 4 do   write(' ',map[i][j]);
           writeln;
         end;
       end
  else begin
         x:=(p-1) div 4 + 1;
         y:=(p-1) mod 4 + 1;
         if (x=sx) and (y=sy)
         then begin                      //填入一
                init(x,y,1);
                solve(p+1);
                out(x,y,1);
              end
         else begin
                for i:=2 to 16 do
                  if not h[i] then
                  begin
```

```
                        init(x,y,i);          //更新
                        solve(p+1);
                        out(x,y,i);           //退场
                    end;
                end;
        end;
end;

begin{main}
    assign(input,'magic.in');
    reset(input);
    assign(output,'magic.out');
    rewrite(output);
    readln(sx,sy);
    cross1:=0;cross2:=0;
    fillchar(h,sizeof(h),false);
    flag:=true;
    solve(1);
    close(input);
    close(output);
end.
```

[**程序测试**]

输入：

```
1 1
```

输出：

```
1 4 13 16
14 15 2 3
8 5 12 9
11 10 7 6

1 4 13 16
14 15 2 3
12 9 8 5
7 6 11 10
```

……

输入：

1 2

输出：

4 1 13 16
14 15 3 2
7 6 10 11
9 12 8 5

4 1 13 16
14 15 3 2
11 10 6 7
5 8 12 9

……

9. 尺子的刻度

一根 29 厘米长的尺子，只允许在上面刻 7 个刻度，要能用它量出 1～29 厘米的各种长度。试问这根尺的刻度应该怎样选择？

［思路点拨］

按从小到大的顺序穷举在上面的 7 个刻度，加上 0 和 29 两个刻度，一共有 9 个刻度，将这 9 个刻度中的任意两个作为端点，记录下长度，判断所有长度是否都出现过，若符合题意，则输出当前的 7 个刻度。特别注意的是，长度为 28 只有可能是 0～28 或 1～29，也就是说 1 和 28 这两个刻度至少要出现一个，可以利用这个进行剪枝优化，提高效率。

［参考程序］

```
program work8_9(input,output);
var j1,j2,j3,j4,j5,j6,j7,total,i,j:longint;
    a:array[0..8] of longint;
    f:array[0..30] of boolean;
begin
  a[0]:=0; a[8]:=29;          {将两端点的刻度存入数组中}
  for j1:=1 to 22 do          {穷举 7 个刻度}
    for j2:=j1+1 to 23 do
```

```
        for j3:=j2+1 to 24 do
          for j4:=j3+1 to 25 do
            for j5:=j4+1 to 26 do
              for j6:=j5+1 to 27 do
                for j7:=j6+1 to 28 do
                  if (j1=1) or (j7=28) then
                  begin
                    a[1]:=j1; a[2]:=j2; a[3]:=j3;{将这7个刻度存入数组中}
                    a[4]:=j4; a[5]:=j5; a[6]:=j6; a[7]:=j7;
                    fillchar(f,sizeof(f),true);     {所有长度都没有出现}
                    total:=0;                       {当前出现的长度数为0}
                    for i:=0 to 7 do
                      for j:=i+1 to 8 do
                        if f[a[j]-a[i]] then
                        begin
                            f[a[j]-a[i]]:=false;  {记录下新出现的长度}
                            inc(total);
                        end;
                    if total=29 then   {所有长度都出现则输出解}
                    begin
                        for i:=1 to 6 do write(a[i],' ');
                        writeln(a[7]);
                    end;
                end;
end.
```

[**程序测试**]

输入：

无

输出：

```
1 2 14 18 21 24 27
1 3 6 13 20 24 28
1 4 10 16 22 24 27
1 5 9 16 23 26 28
2 5 7 13 19 25 28
```

2 5 8 11 15 27 28

10. 设函数定义如下：$f(0)=0$，$f(1)=1$，$f(2n)=f(n)$，$f(2n+1)=f(n)+f(n+1)$，$n=1,2,3,\cdots$要求对给定的$n\geqslant 0$，计算函数$f(n)$的值。请采用递归和非递归两种方法编程实现。

比如输入：8，则输出：1。

［**思路点拨**］

编写递归程序，要注意边界问题，一般将边界写在前面，确保程序可以正常退出。

非递归程序由于对于一个数 n，只会计算一次，而递归则有可能计算多次，多数情况下递归的效率较低。尤其是在要求同时输出多个 n 的 $f(n)$的值的时候，非递归的优势就更加明显了。

［**参考程序**］

```
program work8_10a(input,output);    {递归程序实现}
var n:longint;
function f(n:longint):longint;
begin
  if n=0 then f:=0
          else if n=1 then f:=1
                      else if not(odd(n)) then f:=f(n div 2)
                                          else f:=f(n div 2)+f(n div 2+1);
end;
begin
  readln(n);
  writeln(f(n));
end.

program work8_10b(input,output);    {非递归程序实现}
var n,i:longint;
    f:array[0..1000000] of longint;
begin
  readln(n);
  f[0]:=0; f[1]:=1;
  for i:=2 to n do
    if not(odd(i)) then f[i]:=f[i div 2]
                  else f[i]:=f[i div 2]+f[i div 2+1];
```

```
  writeln(f[i]);
end.
```

[**程序测试**]

输入：

10

输出：

3

输入：

14

输出：

3

11. 从三个元素(例如1,2,3)的字符表中选取字符，生成一个有 $N(N\leqslant 1500)$ 个符号的序列，使得其中没有2个相邻的子序列相等。如长度 $N=5$ 的序列"12321"是合格的，而"12323"和"12123"都是不合格的。

比如输入：6，则输出：131231。

[**思路点拨**]

可以采用回溯的方法编程实现。先考虑一个问题，一个长度为 n 的合法串的前 $n-1$ 位必然也是一个合法的串，这个是长度为 n 的合法串的必要条件。所以我们可以先得到长度为 $n-1$ 的串，通过长度为 $n-1$ 的串继续构造出长度为 n 的串。但如果长度为 $n-1$ 的串无法得到目标串，那么我们可以回溯到 $n-2$，$n-3$，……继续递归直到能够构造出一个长度为 n 的串。

[**参考程序**]

```
program work8_11(input,output);
varst1,st2,st:ansistring;
    n:longint;

function chk(st:ansistring):boolean; //判断加入最后一个字符后的串是否合法
var i:longint;
begin
  chk:=true;
  for i:=1 to length(st) div 2 do
  begin
    st1:=copy(st,length(st)-(i-1),i);
```

```
                                //把两段连续的串分别 copy 入 st1 与 st2 中
      st2:=copy(st,length(st)-(2*i-1),i);
      if st1=st2 then exit(false);
                                //如果串相同那么直接返回 false 否则继续比较
    end;
end;

procedure solve(dep:longint); //递归、回溯
var ch:char;
    i:longint;
begin
    if not chk(st) then exit;
    if dep=n+1 then
    begin
      writeln(st);
      halt;     //找到一组解直接退出程序不继续找下去事实证明效率非常高
    end;
    for ch:='1' to '3' do          //用字符操作比较方便
    begin
      st:=st+ch;                   //更新 st 的值
      solve(dep+1);                //递归
      delete(st,length(st),1);     //回溯,退场将 st 的最后一个值直接删除
    end;
end;

begin{main}
    readln(n);
    st:='';
    solve(1);
end.
```

[**程序测试**]

输入：

8

输出：

23132123

输入：

20

输出：

12131231321231213123

12. 已知 6 个城市，用 $C[i,j]$ 表示从城市 i 到城市 j 是否有单向的直达汽车（$1\leqslant i\leqslant 6, 1\leqslant j\leqslant 6$）。$C[i,j]=1$ 时，表示城市 i 到城市 j 有单向直达汽车；$C[i,j]=0$ 时，表示城市 i 到城市 j 无单向直达汽车。编写一个程序，给出城市代号 i，打印出从该城市出发乘汽车（包括转车）可以到达的所有城市，其城市之间直达汽车情况（邻接矩阵）如图 8－5 所示。

0	0	1	0	0	0
0	0	0	0	1	0
1	0	0	0	0	1
0	0	0	0	0	1
0	1	0	0	0	0
0	0	0	1	0	0

图 8－5　邻接矩阵

比如输入：

0 0 1 0 0 0

0 0 0 0 1 0

1 0 0 0 0 1

0 0 0 0 0 1

0 1 0 0 0 0

0 0 0 1 0 0

6

则输出：

4

［**思路点拨**］

本题实际是求一个有向图的传递闭包（即求出从一点开始可以到达的有向图中的所有点），可以采用经典的 floyed 算法求图中任意两点的最短路径，两点之间能够到达，也就是说两点之间存在通路，存在通路则必然存在最短路。也就是说，如果我

们能够求出 u 到 v 的最短路，从 u 就可以到达 v。

我们规定，在两点之间没有通路时，两点之间的距离为无穷大。假设在处理完点 k 时，我们能得到了图中任意两点 i、j 之间的当前最短路径 p。p 要满足，路径上的中间点(除了起点和终点以外的点)都属于集合$\{1,2,3\cdots,k\}$。

由如上假设，我们可以知道，在处理完点 $k-1$ 时，i、j 之间最短路径上的中间点都属于集合$\{1,2,3\cdots,k-1\}$。接下来，我们分两种情况讨论。

其一，如果 k 不在 i 到 j 的当前最短路径上，那么处理到 k 时，当前最短路径上的中间点属于$\{1,2,3\cdots,k\}$的假设仍满足。

其二，如果 k 在 i 到 j 的当前最短路径上，我们将路径 p 从 k 点断开，分成两条路径，$i\sim k$ 和 $k\sim j$。由于此时 k 变成了非中间节点，所以路径 $i\sim k$，$k\sim j$ 上的中间点都在集合$\{1,2,3\cdots,k-1\}$中，也就是说，i、k，k、j 之间的最短路是我们当前已知的。

到这里，我们就成功的由 $k-1$ 时的已知状态构造出 k 时的当前最短路。

初始时，由于不能使用中间点，i、j 之间的当前最短路就是边(i,j)的长度，如果有多条边，则取其中最短的一条。根据上述的过程，我们不断扩大 k 的值，同时更新当前最短路的长度，直到最后 k 等于图中点的个数，我们就得到了图中任意两点之间的最短路。

［**参考程序**］

```
program work8_12(input,output);
const n=6;
var g,f:array[1..n,1..n] of longint;

function min(p,q:longint):longint;   {取较小值}
  begin
    if p<q then min:=p
          else min:=q;
  end;

procedure pretreatment;   {读入及预处理}
  var i,j:longint;
  begin
    for i:=1 to n do
      for j:=1 to n do
        read(g[i,j]);
    for i:=1 to n do
```

```
      for j:=1 to n do
        if g[i,j]=0 then f[i,j]:=maxint  {若一开始两点之间无直达车,则
                                          距离为无限大}
                    else f[i,j]:=1;      {若有直达车则为1}
  end;

procedure floyed;  {经典的 floyed 算法实现}
  var k,i,j:longint;
  begin
    for k:=1 to n do   {穷举中间接点}
     for i:=1 to n do  {穷举起点}
      for j:=1 to n do {穷举终点}
        if (k<>i) and (k<>j) and (i<>j) then {要求三点两两不同}
          f[i,j]:=min(f[i,j],f[i,k]+f[k,j]);  {更新最优值}
  end;

procedure print;   {打印输出}
  var k,i:longint;
  begin
    readln(k);
    for i:=1 to n do
      if i<>k then
        if f[k,i]<>maxint then  writeln(i);{若点I与点k之间可通,则输出i}
  end;

begin
  pretreatment;
  floyed;
  print;
end.
```

［程序测试］

输入：

0 0 1 0 0 0

0 0 0 0 1 0

1 0 0 0 0 1
0 0 0 0 0 1
0 1 0 0 0 0
0 0 0 1 0 0
1
输出：
3 4 6

输入：
0 0 1 0 0 0
0 0 0 0 1 0
1 0 0 0 0 1
0 0 0 0 0 1
0 1 0 0 0 0
0 0 0 1 0 0
2
输出：
5

13. 请编程实现高精度除法，即求一个高精度数 A 除以一个高精度数 B 的商和余数。假设 A、B 都不超过 100 位。

比如输入 A：123456789987654321

输入 B：12345678910

则输出商为：10000000

余数为：887654321

［**思路点拨**］

和高精度加法、乘法等运算一样，只要模拟竖式除法的过程来实现。

设 *hp* 表示一个数的记录，*len* 是一个数的长度，*s* 用来存数的每一位。从高位开始每位用 9 到 0 开始试验商，得到该位的结果，并将答案存下，记录下这一位的余数直到得到最后结果。

［**参考程序**］

```
program work8_13(input,output);
const   maxlen=100;   {最大长度}
type hp=record          {用 hp 表示一个数的记录}
        len:integer; {数的长度}
```

```
        s:array[1..maxlen] of integer
      end;
var x:array[1..2] of hp;
    y,w:hp;              {x:输入的数;y:输出的数}

procedure printhp(p:hp);    {输出过程}
  var i:integer;
  begin
    for i:=p.len downto 1 do write(p.s[i]);
  end;

procedure init;    {读入两个高精度数}
  var st:string;
      j,i:integer;
  begin
    for j:=1 to 2 do
    begin
      readln(st);
      x[j].len:=length(st);
      for i:=1 to x[j].len do  {将一个字符串转化成一个数组,并且倒序存入}
        x[j].s[i]:=ord(st[x[j].len+1-i])-ord('0');
    end;
  end;

procedure Subtract(a,b:hp;var c:hp);{如果 a>=b 那么 c:=a-b}
  var i,len:integer;
  begin
    fillchar(c,sizeof(c),0);
    if a.len>b.len then len:=a.len  {获得 a,b 中较大的数}
                   else len:=b.len;
    for i:=1 to len do   {从低到高处理}
    begin
      inc(c.s[i],a.s[i]-b.s[i]);
      if c.s[i]<0 then
```

```
      begin
        inc(c.s[i],10);
        dec(c.s[i+1]);    {进位}
      end;
    end;
    while(len>1) and (c.s[len]=0) do dec(len);
    c.len:=len;
  end;

  function Compare(a,b:hp):integer;
        {比较两个数的大小,a>b 则返回 1,a=b 则返回 0, a<b 则返回-1}
  var len:integer;
  begin
    if a.len>b.len then len:=a.len         {a,b 中长度较大的数}
                   else len:=b.len;
    while(len>0) and (a.s[len]=b.s[len]) do dec(len);
                                            {找到一个不同得数的位置}
    if len=0 then compare:=0        {不同}
             else compare:=a.s[len]-b.s[len];
  end;

procedure multiply10(var a:hp);    {a:=a*10,把 a 扩大 10 倍}
  var i:integer;
  begin
    for i:=a.len downto 1 do
      a.s[i+1]:=a.s[i];
    a.s[1]:=0;
    inc(a.len);
    while(a.len>1) and (a.s[a.len]=0) do dec(a.len);
  end;

procedure Divide(a,b:hp;var c,d:hp);      {c:=a div b;d:=a mod b}
  var i,j,len:integer;
  begin
```

```
    fillchar(c,sizeof(c),0);
    len:=a.len;
    fillchar(d,sizeof(d),0);
    d.len:=1;
    for i:=len downto 1 do
    begin
      Multiply10(d);
      d.s[1]:=a.s[i];                {d:=d*10+a.s[i]}
      while(compare(d,b)>=0) do
      begin
        Subtract(d,b,d);
        inc(c.s[i]);
      end;
    end;
    while(len>1)and(c.s[len]=0) do dec(len);
    c.len:=len;
  end;

procedure out;   {输出}
  begin
    PrintHP(y);
    writeln;
    PrintHP(w);
    writeln;
  end;

begin{main}
    init;
   Divide(x[1],x[2],y,w);
    out;
end.
```

[程序测试]

输入：

31415926535897932

3861014858
输出:
8136701
3079794474

输入:
15646513213464898131348831568356899895651532315631554893315153231589
6321548996521356
156315548933158963215489965213568998956515323
输出:
1000956931044358103883411688593183089578
71458810493975889353219817494680179157917662

14. 四塔问题

三塔(汉诺塔)问题是大家非常熟悉的问题,下面详细说明四塔问题。设有 A、B、C、D 四个柱子(有时称塔),在 A 柱上有由小到大堆放的 n 个盘子,如图 8－6 所示。今将 A 柱上的盘子移动到 D 柱上去。可以利用 B、C 柱作为工作栈用,移动的规则如下:

① 每次只能移动一个盘子。

② 在移动的过程中,小盘子只能放到大盘子的上面。

编写一个程序,输出需要移动的最少步数。比如输入:3,则输出:5。

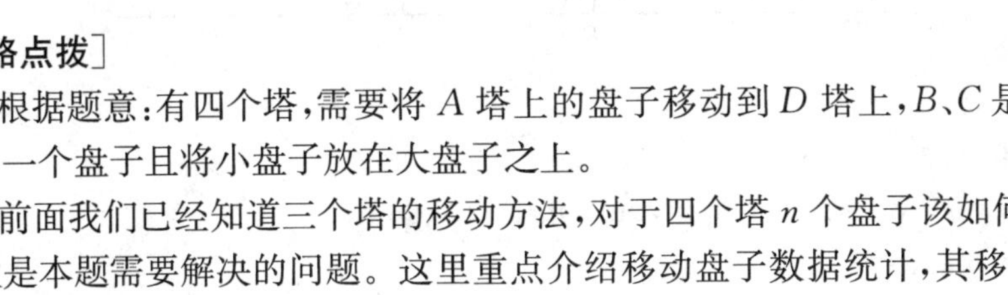

图 8－6　四塔

[思路点拨]

(1) 根据题意:有四个塔,需要将 A 塔上的盘子移动到 D 塔上,B、C 是中间塔。每次移动一个盘子且将小盘子放在大盘子之上。

(2) 前面我们已经知道三个塔的移动方法,对于四个塔 n 个盘子该如何移动,移动多少次是本题需要解决的问题。这里重点介绍移动盘子数据统计,其移动过程与三个塔方法基本相同。

(3) 下面给出盘子的个数为 n 的一般方法,用 $f4(n,a,b,c,d)$ 表示四塔问题,从 A 到 D 移动 n 个盘子,可以利用 b、c 作为工作单元,四塔问题可以分解为:

f4(n,a,b,c,d)⟶f4(r,a,c,d,b) ＋ f3(n－r,a,c,d);

f4(r,c,a,b,d)

问题在于：如何选择 r 使 $f4(n,a,b,c,d)$ 为最小，r 的取值范围为 1,2,…,$n-1$。为此，我们构造 2 个整型数组：$f3(n)$，$f4(n)$，其中 $f3$ 用来存放三塔问题的解。

比如，$n=2$ 时，初始时如图 8－7 所示。

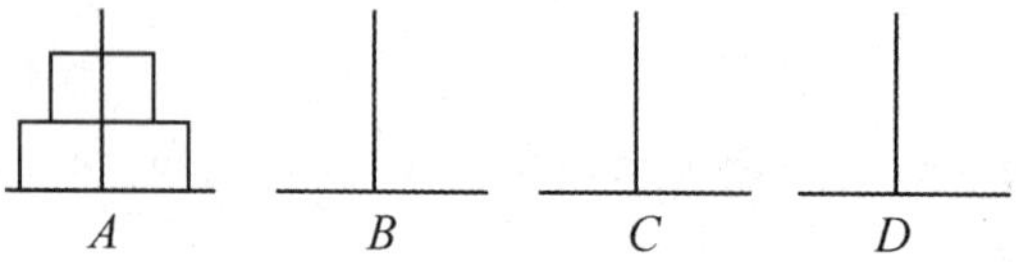

图 8－7

移动过程如图 8－8 所示，即：$a\to b$，$a\to d$，$b\to d$，共三步。

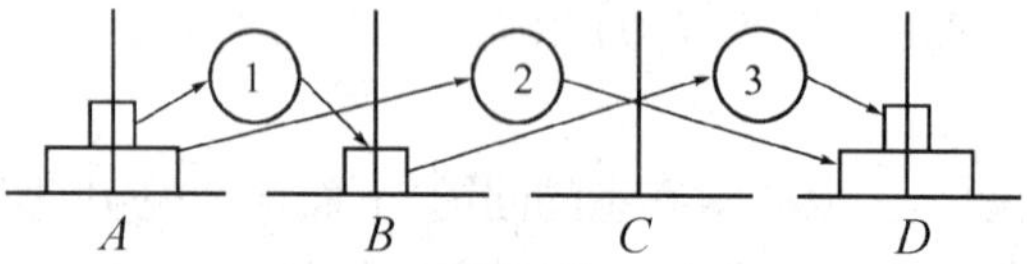

图 8－8

再如，$n=3$ 时，初始时如图 8－9 所示。

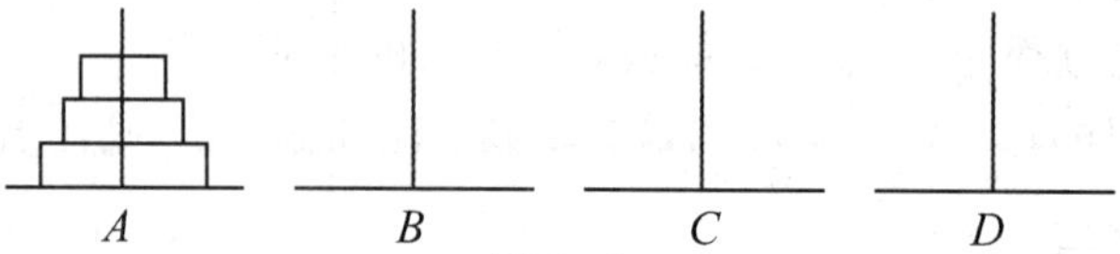

图 8－9

移动过程如图 8－10 所示，即：$a\to b$，$a\to c$，$a\to d$，$c\to d$，$b\to d$，共五步。

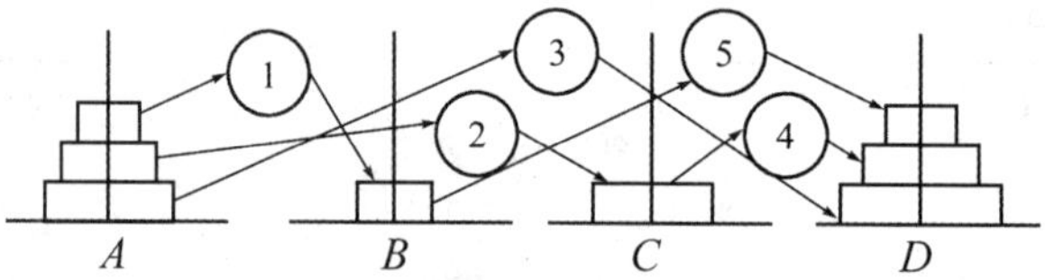

图 8－10

［参考程序］

```
program  work8_14(input,output);
const maxn=30;
type tr=array[1..maxn] of integer;
     tfunc=array[1..maxn] of longint;
var n:integer;
   f3, f4: tfunc;
```

```
procedure  init;  {初始化过程}
  var  i:integer;
begin
  fillchar(f3,sizeof(f3),0);  {数组清零}
  fillchar(f4,sizeof(f4),0);
  readln(n);
  f3[1]:=1;
  f4[1]:=1;
  for i:=2 to n do      {统计三个塔移动的次数}
     f3[i]:=(f3[i-1]+1)*2-1;
  end;

procedure  make;      {四个塔 n 个盘子移动的次数}
var  i, j: integer;
        k: longint;
  begin
    for i:=2 to n do
      begin
        k:=maxlongint;
        for j:=1 to i-1 do
          if 2*f4[j]+f3[i-j]<k then  k:=2*f4[j]+f3[i-j];
        f4[i]:=k;
     end;
  end;

begin {main}
   init;
   make;
   writeln(f4[n]);
end.
```

[**程序测试**]

输入：

5

输出：

13

输入：

6

输出：

17

15. 饥饿的牛(hunger)

［问题描述］

牛在饲料槽前排好了队。饲料槽依次用 1 到 $N(1\leqslant N\leqslant 2000)$编号。每天晚上，一头幸运的牛根据约翰的规则，吃其中一些槽里的饲料。

约翰提供 B 个区间的清单。一个区间是一对整数 start-end，1≤start≤end≤N，表示一些连续的饲料槽，比如 1～3，7～8，3～4，等等。牛可以任意选择区间，但是牛选择的区间不能有重叠。当然，牛希望自己能够吃得越多越好。

给出一些区间，帮助这只牛找一些区间，使它能吃到最多的东西。在上面的例子中，1－3 和 3－4 是重叠的；聪明的牛选择{1－3，7－8}，这样可以吃到 5 个槽里的东西。

［问题输入］

输入文件的第 1 行为一个整数 $B(1\leqslant B\leqslant 1000)$。

第 2 到 $B+1$ 行，每行两个整数，表示一个区间，较小的端点在前面。

［问题输出］

输出文件仅一个整数，表示最多能吃到多少个槽里的食物。

［样例输入］

3

1　3

7　8

3　4

［样例输出］

5

［思路点拨］

本题采用动态规划算法求解。

因为要求区间之间不能重叠，所以要预先进行排序操作（按区间的较小端点排序），方便判断是否重叠（有序之后，只要考虑相邻区间是否重叠）。

用 $c[i]$代表最后一个吃第 i 个区间内的食物，最多能吃的量（$c[1]=b[1]-a[1]+1$）。转移方程为 $c[i]=b[i]-a[i]+1+max\{c[j],b[j]<a[i],1\leqslant j<i\}$。

［参考程序］

```
program work8_15(input,output);
var a,b,c:array[0..1001] of longint;
    t,n,i,j,max:longint;

procedure qsort(l,r:longint);   {快速排序}
var i,j,mid:longint;
begin
  i:=l; j:=r;
  mid:=a[(i+j) div 2];
  repeat
    while a[i]<mid do inc(i);
    while a[j]>mid do dec(j);
    if i<=j then
      begin
        t:=a[i]; a[i]:=a[j]; a[j]:=t;
        t:=b[i]; b[i]:=b[j]; b[j]:=t;
        inc(i); dec(j);
      end;
  until i>j;
  if l<j then qsort(l,j);
  if i<r then qsort(i,r);
end;

begin{main}
  assign(input,'hunger.in');
  assign(output,'hunger.out');
  reset(input);
  rewrite(output);
  readln(n);
  for i:=1 to n do readln(a[i],b[i]);
  qsort(1,n);
  c[1]:=b[1]-a[1]+1;
  for i:=2 to n do      {穷举最后一个吃的区间序号,从 2 至 n 依次递推}
```

```
    begin
      max:=0;
      for j:=1 to i-1 do   {穷举所吃的前一个区间}
        if (b[j]<a[i]) and (c[j]>max) then max:=c[j];  {更新最优值}
      c[i]:=max+b[i]-a[i]+1;
    end;
  max:=0;
  for i:=1 to n do   {选取最优解}
   if c[i]>max then max:=c[i];
  writeln(max);
  close(input);
  close(output);
end.
```

[程序测试]

输入：

```
10
1374 1383
1158 1258
1331 1616
1751 1872
608 804
1999 1999
1536 1827
2000 2000
1409 1985
1542 1825
```

输出：

```
887
```

输入：

```
48
1759 1762
546 757
1460 1851
```

692 1933
111 1558
173 824
1139 1515
503 719
1047 1968
1317 1964
259 1029
113 1138
1986 1989
862 1553
562 825
421 497
1676 1892
703 1344
1956 1974
1518 1538
313 947
46 1710
514 1649
1864 1957
1405 1465
1465 1989
213 1484
1220 1665
1394 1651
704 1482
425 1811
1329 1857
1019 1269
234 1253
1161 1794
343 871
435 1579

557 597
62 1518
1001 1849
82 988
1262 1855
1142 1711
566 1889
1296 1449
1826 1886
1281 1636
497 1238

输出：

1854

16. 波浪数(num)

［问题描述］

波浪数是在一对数字之间交替转换的数，如 1212121，双重波浪数则是指在两种进制下都是波浪数的数，如十进制数 191919 是一个十进制下的波浪数，它对应的十一进制数 121212 也是一个波浪数，所以十进制数 191919 是一个双重波浪数。

类似的可以定义三重波浪数，三重波浪数在三种不同的进制中都是波浪数，甚至还有四重波浪数，如十进制 300＝606(七进制)＝363(九进制)＝454(八进制)＝1A1(十三进制)……你的任务就是在指定范围内找出双重、三重、四重波浪数。

［输入格式］

输入文件 num.in 一行，包含五个用空格隔开的十进制整数，前两个数表示进制的范围(2～32)，第三与第四个数表示指定的范围(1～10000000)，第五个数为 2、3、4 中的一个，表示要找的波浪数的重数。

［输出格式］

输出文件 num.out，从小到大，以十进制形式输出指定范围内的指定重数的波浪数，一行输出一个数。

［样例输入］

10 11 190000 960000 2

［样例输出］

191919

［思路点拨］

首先，编写两个函数分别用来判断一个数是否满足"波浪"的性质和进制转换。

在主程序中先是穷举给定的数的范围，再穷举进制的范围，逐一验证并计数，具体实现请阅读以下参考程序及注解。

［参考程序］

```
program work8_16(input,output);
var l,r,s,t,times,k,i,count:longint;

function check(st:string):boolean;      //检查是否满足“波浪”的性质
  var i:longint;
  begin
    check:=true;
    if length(st)<3 then exit(true);  //一位或两位数都不是波浪数
    for i:=3 to length(st) do
                              //三位数以上，要检查连续两位和间隔的两位是否满足
      if (st[i-2]<>st[i]) or (st[i]=st[i-1]) then exit(false);
  end;

function change(k,p:longint):string;  //进制转换
  var ans:string;
      tmp:longint;
  begin
    ans:='';
    while k<>0 do
      begin
        tmp:=k mod p;
        k:=k div p;
        if tmp<10 then ans:=ans+chr(tmp+ord('0'))
                  else ans:=ans+chr(tmp-10+ord('A'));
      end;
    change:=ans;
  end;

begin{main}
  assign(input,'num.in');
  reset(input);
```

```
  assign(output,'num.out');
  rewrite(output);
  readln(l,r,s,t,times);
  for k:=s to t do                               //穷举指定的数的范围
    begin
      count:=0;                                  //计数器清零
      for i:=l to r do                           //穷举进制的范围
        if check(change(k,i)) then inc(count);   //检查并计数
      if count=times then writeln(k);            //符合给定的输入就输出
    end;
  close(input);
  close(output);
end.
```

[**程序测试**]

输入：

2 32 9998 99998 4

输出：

10858

11050

13260

输入：

2 32 40000 60000 2

输出：

40404

40906

41610

42340

44200

45050

46110

46852

47450

48100

49062

49494

49946

51025

51410

52490

53300

54060

55250

55338

56260

56550

56834

59450

17. 陶陶学数学(Pnumber)

[问题描述]

陶陶很喜欢数学，尤其喜欢奇怪的数。一天,他突然发现,有的整数拥有的因子数是很有个性的,决定找到一个具有 n 个正因子数的最小的正整数。

例如:$n=4$,则 $m=6$,因为 6 有 4 个不同正整数因子 1、2、3、6;而且是最小的有 4 个因子的整数。

[输入文件]

输入文件 Pnumber. in 仅一个数 $n(1\leqslant n\leqslant 60)$。

[输出文件]

输出文件 Pnumber. out 仅一个数 m。

[样例输入]

7

[样例输出]

64

[思路点拨]

因为 n 的范围只有 60,所以我们能够采用枚举的算法。从 1 开始一个一个往后枚举算出每个数是不是有 n 个因数,有就直接跳出循环否则继续下去。那么如何求出 n 的因子个数？我们不妨将 x 分解质因子为 $p_1^{\alpha_1}p_2^{\alpha_2}\cdots p_n^{\alpha_n}$,那么这个 x 就有$(\alpha_1+1)(\alpha_2+1)\cdots(\alpha_n+1)$个因子。

证明:对于每个因子我们有 0 个，1 个…α_1 个,这(α_1+1)种选择,所以共有$(\alpha_1+$

1)(α_2+1)…(α_n+1)这么多个因子。

［参考程序］

```
program work8_17(input,output);
var flag:boolean;
    x,t,n,i:longint;
begin
  assign(input,'pnumber.in');
  assign(output,'pnumber.out');
  reset(input);
  rewrite(output);
  readln(n);
  x:=0;flag:=false;
  while not flag do
  begin
    x:=x+1;
    t:=0;
    for i:=1 to x do
      if x mod i=0 then t:=t+1;
      if t=n then flag:=true;
 end;
 writeln(x);
 close(input);
 close(output);
end.
```

［程序测试］

输入：

4

输出：

6

输入：

54

输出：

6300

18. 众数(masses)

［问题描述］

由文件给出 N 个 1 到 30000 间无序数正整数，其中 $1 \leqslant N \leqslant 10000$，同一个正整数可能会出现多次，出现次数最多的整数称为众数。求出其中的众数及它出现的次数。

［输入格式］

输入文件 masses. in 第一行是正整数的个数 N，第二行开始为 N 个正整数。

［输出格式］

输出文件 masses. out 有若干行，每行两个数，第 1 个是众数，第 2 个是众数出现的次数。

［样例输入］

30

18 2 10 1 1 15 6 13 3 3 11 18 2 12 15 13 18 17 15 19 8 3 15 17 11 16 14 8 7 16

［样例输出］

15 4

［思路点拨］

本题本质上是所谓的“统排序”。由于这些正整数在 1 到 30000 间，用数组统计每个数出现的次数最为方便。找出众数出现的次数，再输出所有出现该次数的数即可。

［参考程序］

```
program work8_18(input,output);
var n,t,i,max:longint;
     g:array[1..30000] of longint;
begin
  assign(input,'masses.in');
  assign(output,'masses.out');
  reset(input);
  rewrite(output);
  readln(n);
  fillchar(g,sizeof(g),0);
  for i:=1 to n do
    begin
      read(t);                    {不断更新某个数出现的次数}
      inc(g[t]);
    end;
```

```
  max:=0;
  for i:=1 to 30000 do
    if g[i]>max then max:=g[i];      {找出众数的值}
  for i:=1 to 30000 do
    if g[i]=max then writeln(i,' ',max);      {输出所有众数}
  close(input);
  close(output);
end.
```

[程序测试]

输入：

12

2 4 2 3 2 5 3 7 2 3 4 3

输出：

2 4

3 4

输入：

20

5 9 14 2 18 12 3 11 13 18 4 16 14 19 20 17 14 5 1 18

输出：

14 3

18 3

19. 第 k 小整数(knumber)

[问题描述]

现有 n 个正整数，$n\leqslant 10000$，要求出这 n 个正整数中的第 k 个最小整数(相同大小的整数只计算一次)，$k\leqslant 1000$，正整数均小于 30000。

[输入格式]

输入文件 knumber.in 第一行为 n 和 k，第二行开始为 n 个正整数的值，一行若干整数间用一个空格隔开。

[输出格式]

输出文件 knumber.out，只要输出第 k 个最小整数的值；若无解，则输出“NO RESULT”。

[样例输入]

15 10

56 25 96 6 4 46 21 56 51 36 90 82 61 80 92

［样例输出］

80

［思路点拨］

由于这些正整数在1到30000间，用数组统计每个数出现的次数最为方便。再从小到大统计有多少个数出现次数不为0，统计到第k个输出。如果统计到30000还是少于k个，则输出“NO RESULT”。

［参考程序］

```
program work8_19(input,output);
var i,j,k,n,x:integer;
    b:array[1..30000] of integer;
    bo:boolean;
begin
  assign(input,'knumber.in');
  reset(input);
  assign(output,'knumber.out');
  rewrite(output);
  read(n,k);
  for i:=1 to n do
    begin
      read(x);
      b[x]:=b[x]+1;
    end;
  j:=0;
  bo:=false;
  for i:=1 to 30000 do
    begin
      if b[i]>0 then j:=j+1;
      if j=k then begin x:=i;bo:=true;break;end;
    end;
    if bo then writeln(x) else writeln('NO RESULT');
    close(input);
    close(output);
end.
```

［程序测试］

输入：

10　3

1　3　3　7　2　5　1　2　4　6

输出：

3

输入：

20　15

5　6　27　8　16　35　50　80　63　63　63　91　66　50　51　20　80　89　51　8

输出：

NO RESULT

20. 军事机密(secret)

［问题描述］

军方截获的信息由 n($n \leqslant 30000$)个数字组成，因为是敌国的高端秘密，所以一时不能破获。最原始的想法就是对这 n 个数进行小到大排序，每个数都对应一个序号，然后对第 i 个是什么数感兴趣，现在要求编程完成。

［输入格式］

输入文件 secret.in 第一行为 n，接着一行是 n 个截获的数字，接着一行是数字 k，接着是 k 行要输出数的序号。

［输出格式］

输出文件 secret.out 有 k 行，分别表示 k 行序号对应的数字。

［样例输入］

4

32 4 53 21

2

1

3

［样例输出］

4

32

［思路点拨］

由于数据量 n 最多只有 30000，所以只要采用快速排序排序后，进行相应的输出即可。

[参考程序]

```
program work8_20(input,output);
const maxsize=30000;
var a:array[1..maxsize] of longint;
    n:longint;

procedure pretreatment;                    //读入
  var i:longint;
  begin
    readln(n);
    for i:=1 to n do read(a[i]);
  end;

procedure qsort(l,r: longint);             //快速排序
  var i,j,x,y: longint;
  begin
    i:=l; j:=r;
    x:=a[(l+r) div 2];
    repeat
      while a[i]<x do inc(i);
      while x<a[j] do dec(j);
      if not(i>j) then
        begin
          y:=a[i]; a[i]:=a[j]; a[j]:=y;
          inc(i); dec(j);
        end;
    until i>j;
    if l<j then qsort(l,j);
    if i<r then qsort(i,r);
  end;

procedure solve;                           //输出序号为 flag 的数
  var k,i,flag:longint;
  begin
```

```
      readln(k);
      for i:=1 to k do
        begin
          readln(flag);
          writeln(a[flag]);
        end;
    end;

begin{main}
  assign(input,'secret.in');
  reset(input);
  assign(output,'secret.out');
  rewrite(output);
  pretreatment;
  qsort(1,n);
  solve;
  close(input);
  close(output);
end.
```

[**程序测试**]

输入：

```
5
121  1  126  123  7
3
2
4
3
```

输出：

```
7
123
121
```

输入：

```
8
```

437 180 659 975 658 611 912 272

3

5

2

7

输出：

658

272

912

21. 奖学金(scholar)

[**问题描述**]

某小学最近得到了一笔赞助，打算拿出其中一部分为学习成绩优秀的前5名学生发奖学金。期末，每个学生都有3门课的成绩：语文、数学、英语。先按总分从高到低排序，如果两个同学总分相同，再按语文成绩从高到低排序，如果两个同学总分和语文成绩都相同，那么规定学号小的同学排在前面，这样，每个学生的排序是唯一确定的。

任务：先根据输入的3门课的成绩计算总分，然后按上述规则排序，最后按排名顺序输出前5名学生的学号和总分。注意，在前5名同学中，每个人的奖学金都不相同，因此，你必须严格按上述规则排序。例如，在某个正确答案中，如果前两行的输出数据(每行输出两个数：学号、总分)是：

7 279

5 279

这两行数据的含义是：总分最高的两个同学的学号依次是7号、5号。这两名同学的总分都是279(总分等于输入的语文、数学、英语三科成绩之和)，但学号为7的学生语文成绩更高一些。如果你的前两名的输出数据是：

5 279

7 279

则按输出错误处理，不能得分。

[**输入格式**]

输入文件 scholar.in 包含 $n+1$ 行。

第1行为一个正整数 n，表示该校参加评选的学生人数。

第2到 $n+1$ 行，每行有3个用空格隔开的数字，每个数字都在0到100之间。第 j 行的3个数字依次表示学号为 $j-1$ 的学生的语文、数学、英语的成绩。每个学生的学号按照输入顺序编号为 $1\sim n$(恰好是输入数据的行号减1)。所给的数据都是正确的，不必检验。

［输出格式］

输出文件 scholar.out 共 5 行，每行是两个用空格隔开的正整数，依次表示前 5 名学生的学号和总分。

［样例输入］

10
78 44 40
91 91 83
98 51 54
61 88 33
77 46 83
76 93 67
66 68 61
76 35 69
68 79 36
90 90 84

［样例输出］

2 265
10 264
6 236
5 206
3 203

［数据限制］

50%的数据满足：各学生的总成绩各不相同。

100%的数据满足：$6 \leqslant n \leqslant 300$。

［思路点拨］

本题要用到多个“关键字”的排序，也就是说要自己定义原来排序中的“<”，具体实现请阅读参考程序。

［参考程序］

```
program work8_21(input,output);
const maxsize=300;
type infotype=record
               flag,chinese,math,english,tot:longint;
             end;
```

```
var a:array[1..maxsize] of infotype;
    n:longint;

procedure pretreatment;                          //读入及预处理
  var i:longint;
  begin
    readln(n);
    for i:=1 to n do
      begin
        a[i].flag:=i;
        readln(a[i].chinese,a[i].math,a[i].english);
        a[i].tot:=a[i].chinese+a[i].math+a[i].english;
      end;
  end;

function front(x,y:infotype):boolean;            //自定义大小比较
  begin
    if x.tot>y.tot then exit(true);
    if x.tot<y.tot then exit(false);
    if x.chinese>y.chinese then exit(true);
    if x.chinese<y.chinese then exit(false);
    if x.flag<y.flag then exit(true);
    front:=false;
  end;

procedure qsort(l,r: longint);                   //快速排序
  var i,j:longint;
      x,y:infotype;
  begin
    i:=l; j:=r;
    x:=a[(l+r) div 2];
    repeat
      while front(a[i],x{a[i]<x}) do inc(i);
      while front(x,a[j]{x<a[j]}) do dec(j);
```

```
      if not(i>j) then
        begin
          y:=a[i]; a[i]:=a[j]; a[j]:=y;
          inc(i); dec(j);
        end;
    until i>j;
    if l<j then qsort(l,j);
    if i<r then qsort(i,r);
  end;

procedure print;                                    //输出
  var i:longint;
  begin
    for i:=1 to 5 do
      writeln(a[i].flag,' ',a[i].tot)
  end;

begin{main}
  assign(input,'scholar.in');
  reset(input);
  assign(output,'scholar.out');
  rewrite(output);
  pretreatment;
  qsort(1,n);
  print;
  close(input);
  close(output);
end.
```

［**程序测试**］

输入：

6

90 67 80

87 66 91

78 89 91

88 99 77

67 89 64

78 89 98

输出：

6 265

4 264

3 258

2 244

1 237

输入：

8

80 89 89

88 98 78

90 67 80

87 66 91

78 89 91

88 99 77

67 89 64

78 89 98

输出：

8 265

2 264

6 264

1 258

5 258

22. 统计数字(count)

［**问题描述**］

某次科研调查时得到了 n 个自然数，每个数均不超过 1500000000。已知不相同的数不超过 10000 个，现在需要统计这些自然数各自出现的次数，并按照自然数从小到大的顺序输出统计结果。

［**输入格式**］

输入文件 count.in 包含 $n+1$ 行。

第 1 行是整数 n，表示自然数的个数。

第 2～$n+1$ 行每行一个自然数。

［输出格式］

输出文件 count.out 包含 m 行（m 为 n 个自然数中不相同数的个数），按照自然数从小到大的顺序输出。每行输出两个整数，分别是自然数和该数出现的次数，其间用一个空格隔开。

［样例输入］

13
21
17
38
21
76
76
84
13
21

［样例输出］

13 2
17 1
21 3
38 1
76 2
84 1

［数据限制］

40％的数据满足：$1\leqslant n\leqslant 1000$；
80％的数据满足：$1\leqslant n\leqslant 50000$；
100％的数据满足：$1\leqslant n\leqslant 200000$；

［思路点拨］

先排序，对有序的数列进行扫描，第一个指针指向某数第一次出现的位置，第二个指针从第一个指针处向后扫描，直到找到第一个和第一个指针所指的数不同的数。就可以统计出相同的数的个数，然后第一个指针直接跳到第二个指针的位置即可。

［参考程序］

```
program work8_22(input,output);
const maxsize=200000;
```

```
var a:array[1..maxsize] of longint;
    n:longint;

procedure pretreatment;                          //读入
  var i:longint;
  begin
    readln(n);
    for i:=1 to n do readln(a[i]);
    a[n+1]:=maxlongint;
  end;

procedure qsort(l,r: longint);                   //快速排序
  var i,j,x,y: longint;
  begin
    i:=l; j:=r;
    x:=a[(l+r) div 2];
    repeat
      while a[i]<x do inc(i);
      while x<a[j] do dec(j);
      if not(i>j) then
        begin
          y:=a[i]; a[i]:=a[j]; a[j]:=y;
          inc(i); dec(j);
        end;
    until i>j;
    if l<j then qsort(l,j);
    if i<r then qsort(i,r);
  end;

procedure solve;                                 //输出
  var i,j:longint;
  begin
    i:=1;
    while i<=n do
```

```
      begin
        write(a[i],' ');
        for j:=i+1 to n+1 do                          //判断该数出现的次数
          if a[j]<>a[i] then break;
        writeln(j-i);
        i:=j;
      end;
  end;

begin{main}
  assign(input,'count.in');
  reset(input);
  assign(output,'count.out');
  rewrite(output);
  pretreatment;
  qsort(1,n);
  solve;
  close(input);
  close(output);
end.
```

［程序测试］

输入：

```
8
2
4
2
4
5
100
2
100
```

输出：

```
2 3
4 2
```

5 1
100 2

输入：
36
5
96
6
4
36
80
36
80
36
96
80
80
80
96
输出：
4 1
5 1
6 1
36 4
80 5
96 3

23. 盒子与球(box)

［问题描述］

现有 r 个互不相同的盒子和 n 个互不相同球，要将这 n 个球放入 r 个盒子中，且不允许有空盒子。问有多少种放法？

例如：有 2 个不同的盒子(分别编为 1 号和 2 号)和 3 个不同的球(分别编为 1、2、3 号)，则有如下 6 种不同的方法。

1号盒子	2号盒子
1号球	2、3号球
1、2号球	3号球
1、3号球	2号球
2号球	1、3号球
2、3号球	1号球
3号球	1、2球

［输入格式］

输入文件 box. in 只有一行，两个整数 n 和 r，中间用一个空格分隔（$0\leqslant n,r\leqslant 10$）。

［输出格式］

输出文件 box. out 仅一行，一个整数（保证在长整型范围内），表示 n 个球放入 r 个盒子的方法。

［样例输入］

3 2

［样例输出］

6

［思路点拨］

如果盒子都是相同的，那么将 i 个球放入 j 个盒子中用 $f[i,j]$ 来表示。最后一个球可以是单独放在一个盒子里（共 $f[i-1,j-1]$ 种），也可以是和若干其他球放在一个盒子里（共 $f[i-1,j]*j$）。得到递推式 $f[i,j]=f[i-1,j-1]+j*f[i-1,j]$。因为 r 个盒子是不同的，我们可以将它们编上 $1-r$ 的序号（有 $P_r^r=r!$ 种可能），所以最终结果为 $f[n,r]*P_r^r$ 种。

［参考程序］

```
program work8_23(input,output);
var n,k,i,j:longint;
    f:array[0..12,0..12] of longint;

function min(a,b:longint):longint;
begin
  if a<b then min:=a
          else min:=b;
end;
```

```
begin{main}
  assign(input,'box.in');
  assign(output,'box.out');
  reset(input);
  rewrite(output);
  readln(n,k);
  fillchar(f,sizeof(f),0);
  for i:=1 to k do f[i,i]:=1;
  for i:=1 to n do
    for j:=1 to min(i-1,k) do
      f[i,j]:=f[i-1,j-1]+j*f[i-1,j];
  for i:=1 to k do f[n,k]:=f[n,k]*i;
  writeln(f[n,k]);
  close(input);
  close(output);
end.
```

[**程序测试**]

输入:

5 3

输出:

150

输入:

10 8

输出:

30240000

24. 字母组合(charcom)

[**问题描述**]

字母 A,B,C 的所有可能的组合(按字典顺序排序)是:

A,AB,ABC,AC,B,BC,C

每个组合都对应一个字典顺序的序号,如下所示:

序　　号	组　　合
1	A
2	AB
3	ABC
4	AC
5	B
6	BC
7	C

找出编号为 k 的字母组合。例如，上例中编号为 4 的组合为 AC。

注：假设某个字母组合为 $X_1X_2X_3\cdots X_K$，必须保证 $X_1<X_2<X_3<\cdots<X_K$。

［**输入格式**］

输入文件 charcom.in 包括 2 行。

第一行：n，表示字母组合由字母表中前 $n(n\leqslant 26)$ 个字母组成。

第二行：k，求编号为 k 的字母组合。

［**输出格式**］

输出文件 charcom.out 为该字母组合，均为大写字母。

［**样例输入**］

4

12

［**样例输出**］

BD

［**思路点拨**］

本题有多种解题方法，下面逐个给出详细说明。

方法 1：回溯法

回溯法是最简单的解题方法。以 $n=3$ 为例（如图 8－11），首先把 A 进栈，作为第 1 个组合。然后把 B、C 进栈，分别作为第 2、3 个组合，这时无法继续进栈了，所以弹出 C，并把 B+1 变为 C。以此类推，直到找到要求的第 k 个组合。缺点在于 N、K 大了，就会造成系统栈的溢出。

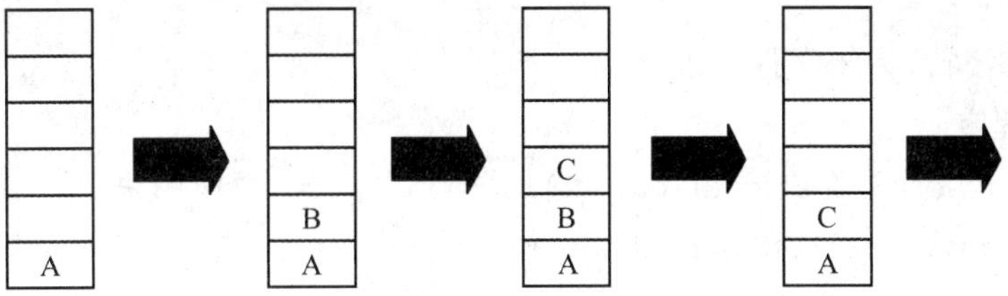

图 8－11

方法 2:递推法

首先算出分别以字母 A、B……开头的组合各有多少个,然后先看要求的组合是哪个字母开头的,然后不看首字母,接续看第二个字母(第二个字母>第一个字母),不断接近要求的组合,最后找到。

例如:$n=5,k=7$ 时:

首字母	A	B	C	D	E
个　数	16	8	4	2	1

(1) 因为 $7<16$,所以以 A 开头;

(2) 因为 $7<8$,所以第二个字母为 B;

(3) 因为 $4+2<7$,所以第三个字母为 D;

(4) 因为 $7-4-2=1$,所以结束。

所以,最后输出 ABD。

方法 3:分治法

分析 $n=3$ 的样例,我们发现,序列的总数是 2^n-1,而序列的前 2^{n-1} 组合首字母为 A,接着,我们来看第 2 到 2^{n-1} 个组合,分别是 B,BC,C,而它们则可以看做是 A,AB,B(ASCII 码减一),这就是 $n=2$ 时的序列,接着我们再看后半部分(第 $2^{n-1}+1$ 到最后一个组合),它们也是 B,BC,C,不断二分,就可以在 $O(n\log_2 n)$ 的复杂度内找到解。

整理一下以上思想,得出整个算法如下:

1. 初始化,读入数据。

2. 把当前看做"A"的 ASCII 码(65)赋值给 t。

3. 循环做:

(1) 如果 $k=1$,打印 $chr(t)$;退出循环;

(2) 如果 $k<2^{n-1}$,那么先打印 $chr(t)$,然后把 $n-1$(缩小为规模是 $n-1$ 的子问题),把 $t+1$(把"B"看做是"A"),继续循环(continue);

(3) 如果 $k>2^{n-1}$,那么做 $k-2^{n-1}$,$n-1$(缩小为规模是 $n-1$ 的子问题),继续

循环。

4. 回车换行，关闭文件。

［参考程序］

```
program work8_24a(input,output);                    //回溯法
var a:array[1..26]of char;
    n,k,i,total,temp:longint;

procedure print;
begin
  for k:=1 to i do
    write(a[k]);
  writeln;
end;

begin{main}
  assign(input,'charcom.in');
  reset(input);
  assign(output,'charcom.out');
  rewrite(output);
  readln(n,k);
  if (n=26)and(k=67108863) then
    begin writeln('Z');close(input);close(output);exit;end;
  a[1]:='A';
  i:=1;total:=1;
  if k>n then
  begin
    for i:=1 to n do a[i]:=chr(ord('A')+i-1);
    total:=n;
  end;
  while true do
  begin
   if total=k then begin
                    print;
                    close(input);close(output);
```

```
                    exit;
                  end
              else begin
                    if ord(a[i])<ord('A')+n-1
                     then begin
                              inc(i);
                              a[i]:=chr(ord(a[i-1])+1);
                            end
                       else begin
                              dec(i);
                              a[i]:=chr(ord(a[i])+1);
                            end;
                       inc(total);
                     end;
  end;
end.

program work8_24b(input,output);                    //递推法
var f:array['A'..'Z'] of longint;
     ans:string;
     ch,last:char;
     n,k:longint;
begin
      assign(input,'charcom.in');
      reset(input);
      assign(output,'charcom.out');
      rewrite(output);
      readln(n);
      readln(k);
      f[chr(n+64)]:=1;
      for ch:=chr(n+63) downto 'A' do f[ch]:=2*f[succ(ch)];
      ans:='';
      last:=pred('A');
      repeat
```

```
            ch:=succ(last);
            while f[ch]<k do
            begin
                k:=k-f[ch];
                ch:=succ(ch);
            end;
            ans:=ans+ch;
            last:=ch;
            k:=k-1;
        until k=0;
        writeln(ans);
        close(input);
        close(output);
end.

program work8_24c(input,output);                    //分治法
var n,m,t,i:longint;
  b:array[0..27]of longint;
begin
  assign(input,'charcom.in');
  reset(input);
  assign(output,'charcom.out');
  rewrite(output);
  readln(n,m);
  b[1]:=1;
  for i:=2 to n do b[i]:=b[i-1]*2;    {预处理 2^(n-1)}
  t:=ord('A');
  while true do  {算法第 3 步}
  begin
    if m=1 then begin write(chr(t));break end;
    if m<=b[n] then begin write(chr(t));inc(t);dec(n);dec(m);continue;end;
    if m>=(b[n]+1) then begin inc(t);dec(m,b[n]);dec(n);continue; end;
  end;
  writeln;
```

```
  close(input);
  close(output);
end.
```

［程序测试］

输入：

3

2

输出：

AB

输入：

10

800

输出：

CDEI

25. 有 8 位同学排成一行，要求 A、B 两位同学互不相邻，问有多少种排法？

［思路点拨］

以 1 和 2 来代表 A 和 B，生成 8 个数的全排列，一一验证两者是否相邻(即相邻两数之和为 3)。

下面给出构造“全排列”的经典方法。

(1) 1、2…N 依次赋给 $a[1]$至 $a[n]$，输出第一种排列；

(2) 构造下一种全排列，分四步完成：

第一步：i 的初值为 1，在 $a[1]$至 $a[n]$中搜索找出相应的 i，使 i 是 $a[k]>a[k-1]$的 k 中最大的，即 $i=max\{k|a[k]>a[k-1],k=2,3\cdots n\}$；

第二步：在 $a[1]$至 $a[n]$中搜索找出相应的 j，使 j 是 $a[k]>a[i-1]$的 k 中最大的，即 $j=max\{k|a[k]>a[i-1],k=i,i+1\cdots n\}$；

第三步：交换 $a[i-1]$与 $a[j]$形成新的序列；

第四步：对新的序列从 $a[i+1]\cdots a[n]$进行逆序处理，输出相应序列。

(3) 重复步骤(2)直到 $i=1$ 时结束。

［参考程序］

```
program work8_25(input,output);
var s,h,i,j,t:longint;
    a:array[0..10] of longint;
begin
```

```
  s:=0; h:=0;      {s统计有多少种不符合要求的排列,h统计总共的排列数}
  for i:=1 to 8 do a[i]:=i;
  j:=8;
  while (j>1) do
  begin
     j:=8;
     while (j>1) and (a[j]<a[j-1]) do dec(j);
     if j>1 then
     begin
        i:=8;
        while a[i]<a[j-1] do dec(i);
        t:=a[i];
        a[i]:=a[j-1];
        a[j-1]:=t;
        i:=8;                       {生成全排列}
        while j<i do
        begin
           t:=a[j];
           a[j]:=a[i];
           a[i]:=t;
           inc(j); dec(i);
        end;
        inc(h);
        for i:=1 to 7 do
          if a[i]+a[i+1]=3 then inc(s);      {判断是否符合要求}
     end;
  end;
  writeln(h-s);                     {输出符合要求的排列种数}
end.
```

[程序测试]

输入：

无

输出：

30240

26. 求1到1000这1000个整数中，有多少个不能被5、6、8中任一个数整除的数？

［思路点拨］

从1到1000模拟这个过程就可以了。

［参考程序］

```
program work8_26(input,output);
var i,ans:longint;
    flag:boolean;
begin
  ans:=0;
  for i:=1 to 1000 do
  begin
    flag:=true;
    if i mod 5 = 0 then flag :=false;
    if i mod 6 = 0 then flag :=false;
    if i mod 8 = 0 then flag :=false;
    if flag then ans:=ans+1;
  end;
  writeln(ans);
end.
```

［程序测试］

输入：

　　无

输出：

600

27. 一只蜜蜂在图8－12所示的数字蜂房上爬动，已知它只能从标号小的蜂房爬到标号大的相邻蜂房，现在问你：蜜蜂从蜂房M开始爬到蜂房N，$M<N$，有多少种爬行路线？如输入：1,14，则输出：377。

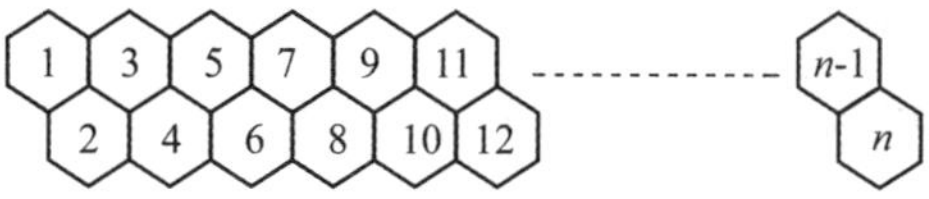

图8－12　蜂房

［思路点拨］

本题有着明显的数学题痕迹，所以一般采用的方法要么是递推、动态规划，要么就是组合数学的方法，这儿显然是递推。我们用 $f[n]$表示从 m 走到 n 所需要的步数，那么对于题中走到要么是由 $n-1$ 走到 n，要么是由 $n-2$ 走到 n，所以由加法定理得到，$f(n)=f(n-1)+f(n-2)$！

发现了什么？这是 fibonacci 数列。所以从 m 走到 n 等价于从 0 走到 $n-m$，循环 $n-m$ 次就可以了。但是本题由于数据规模庞大，所以要采用高精度加法。

［**参考程序**］

```
program work8_27(input,output);
type gjd=array[1..10000] of 0..9;
var  p,w:0..9;
     m,n,i,j,len:integer;
     numm,numn,temp:gjd;
begin
  readln(m,n);
  for i:=1 to 10000 do
    begin
      numm[i]:=0;numn[i]:=0;temp[i]:=0;
    end;
  numm[1]:=1;numn[1]:=1;
  for i:=1 to n-m-1 do
    begin
      len:=10000;
      while numn[len]=0 do dec(len);
      p:=0;
      for j:=1 to len+1 do
        begin
          temp[j]:=(numm[j]+numn[j]+p) mod 10;
          p:=(numm[j]+numn[j]+p) div 10;
        end;
      numm:=numn;
      numn:=temp;
    end;
  len:=10000;
  while numn[len]=0 do dec(len);
  for i:=len downto 1 do write(numn[i]);
```

```
  writeln ;
end.
```

[程序测试]

输入：

1 30

输出：

832040

输入：

3 18

输出：

987

28. “24 点”是八十年代全世界流行一种数字游戏。作为游戏者将得到 4 个 1～9 之间的自然数作为操作数，而任务是对这 4 个操作数进行适当的算术运算，要求运算结果等于 24。你可以使用的运算只有：+，-，*，/，还可以使用()来改变运算顺序。注意：所有的中间结果必须是整数，所以一些除法运算是不允许的(例如，(2 * 2)/4 是合法的，2 *(2/4)是不合法的)。下面我们给出一个游戏的具体例子：若给出的 4 个操作数是：1、2、3、7，则你可以输出：1+2+3 * 7。说明：如果有多种解，则输出任何可行的解都算对。

[思路点拨]

本题最容易想到的一种算法是对于固定的运算模板，向其中填数。比如 A+B+C+D 或者(A+B) * (C+D)等模板，尝试对 ABCD 进行赋值，使这个表达式的值为 24。这种方法要求人工列举出所有的可能模板。显然，情况是非常多的，列举完全的难度比较大，而且程序实现要求的代码量也是相当大。有兴趣的同学可以按照这个思路尝试解决本题。

参考程序采用了“表达式树”的思想。4 个数进行四则运算，需且仅需 3 个运算符。

图 8-13 和图 8-14 所示的两棵树表示两种不同情况，其中灰色的圈表示一个运算符，白色的圈表示一个数字。对这棵树进行中序遍历就可以得到一个中辍表达式。比如在树 2 中 b2=b3='+'，b1='*'，a4=1，a5=2，a6=3，a7=4。对树 2 进行中序遍历可以得到(1+2+3) * 4 这个表达式。特别注意，这里只是运算顺序和(1+2+3) * 4 这个表达式相同，输出时需要人为加上括号。通过表达式树，我们就在计算 24 点的时候回避了中辍表达式中一个难点——括号。

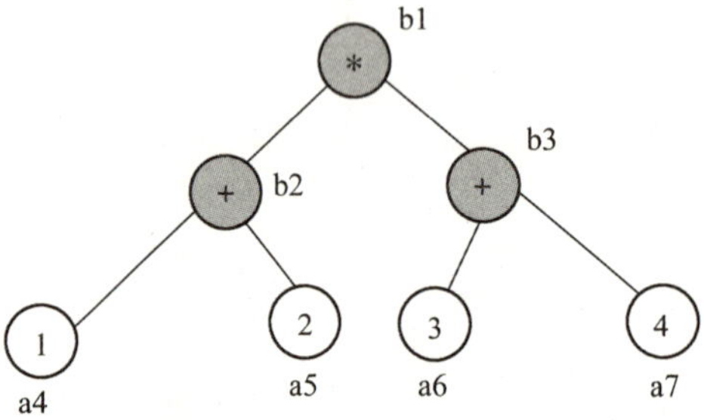

图 8－13 （1＋2）＊（3＋4）

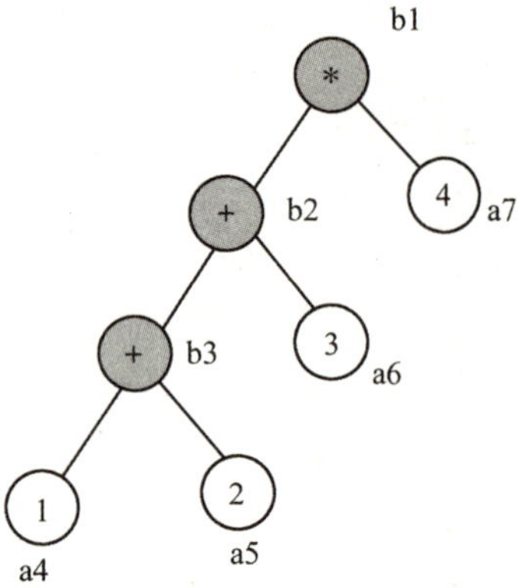

图 8－14 （1＋2＋3）＊4

给出的两棵树是可以等价的表达出符合题意的表达式的，从运算顺序的角度很容易证明这一点，这里就不详细解释了。

对于这两棵树给出的两种不同情况，分别穷举 4 个数的排列和 3 个符号，就可以得到结果。

利用表达式树的思想还有一个好处，就是可以比较简单的在输出时添加括号。只有当一个灰圈中是低级运算符而它的父亲为高级运算符就需要添加括号。

［**参考程序**］

```
program work8_28(input,output);
var a:array[1..7] of longint;
    b:array[1..3] of longint;
    data:array[1..4] of longint;
                        //data 存储 4 个数字的原始数据 a、b 的意思如上图
    i,j,k:longint;

function check(a,b,c,d:longint):boolean;
  begin
    check:=true;
    if a=b then exit(false);
    if a=c then exit(false);
    if a=d then exit(false);
    if b=c then exit(false);
    if b=d then exit(false);
    if c=d then exit(false);
```

```
  end;

function f(a,b,flag:longint):longint;        //进行两个数的运算
  begin
    if flag=1 then f:=a+b;
    if flag=2 then f:=a-b;
    if flag=3 then f:=a*b;
    if flag=4 then
      if (b<>0) and (a mod b=0) then f:=a div b
                                  else f:=-10000;
  end;

function change(k:longint):char;              //将表示符号的编号转变为符号
  begin
    if k=1 then change:='+';
    if k=2 then change:='-';
    if k=3 then change:='*';
    if k=4 then change:='/';
  end;

procedure print_1;
  begin
    if (b[1]>2) and (b[2]<3) then write('(',a[4],change(b[2]),a[5],')')
                              else write(a[4],change(b[2]),a[5]);
    write(change(b[1]));
    if (b[1]>2) and (b[3]<3) then write('(',a[6],change(b[3]),a[7],')')
                              else write(a[6],change(b[3]),a[7]);
    writeln;
    halt;
  end;

procedure print_2;
  begin
    if (b[2]<3) and (b[1]>2) then
```

```
        begin
          writeln('(',a[4],change(b[3]),a[5],change(b[2]),a[6],')',change
                                                    (b[1]),a[7]);
          halt;
        end;
      if (b[2]>2) and (b[3]<3) then
        begin
          writeln('(',a[4],change(b[3]),a[5],')',change(b[2]),a[6],change
                                                      (b[1]),a[7]);
          halt;
        end;
      writeln(a[4],change(b[3]),a[5],change(b[2]),a[6],change(b[1]),a[7]);
      halt;
    end;

procedure solve;
  var i,j,k,p:longint;
  begin
    for i:=1 to 4 do
      for j:=1 to 4 do
        for k:=1 to 4 do
          for p:=1 to 4 do                  //穷举4个数的排列
            if check(i,j,k,p) then          //判断是否是一个全排列
            begin
              a[4]:=data[i];a[5]:=data[j];a[6]:=data[k];a[7]:=data[p];
              if f(f(a[4],a[5],b[2]),f(a[6],a[7],b[3]),b[1])=24 then print_1;
              if f(f(f(a[4],a[5],b[3]),a[6],b[2]),a[7],b[1])=24 then print_2;
            end;
  end;

begin{main}
  for i:=1 to 4 do read(data[i]);
  for i:=1 to 4 do
    for j:=1 to 4 do
```

```
        for k:=1 to 4 do
          begin
            b[1]:=i;b[2]:=j;b[3]:=k;   //穷举3个符号
            solve;
          end;
    writeln('No Solution!!');
end.
```

［程序测试］

输入：

1 2 3 4

输出(不唯一)：

(1+2+3) * 4

输入：

5 6 7 8

输出(不唯一)：

(5+7) * (8-6)

输入：

6 7 8 9

输出(不唯一)：

6 * 8/(9-7)

输入：

1 1 9 9

输出：

No Solution!!

输入：

1 1 8 8

输出(不唯一)：

(1+1) * 8+8

29. 传教士(bishop)

[问题描述]

某王国的疆土恰好是一个矩形，为了管理方便，国王将整个疆土划分成 $n\times m$ 块大小相同的区域。由于国王非常信教，因此他希望他的子民也能信教爱教，所以他想安排一些传教士到全国各地去传教。但这些传教士的传教形式非常怪异，他们只在自己据点周围特定的区域内传教且领地意识极其强烈(即任意一个传教士的据点都不能在其他传教士的传教区域内，否则就会发生冲突)。现在我们知道传教士的传教区域为以其据点为中心的两条斜对角线上(如图 8－15)。现在国王请你帮忙找出一个合理的安置方案，使得可以在全国范围内安置尽可能多的传教士而又不至于任意两个传教士会发生冲突。若 A 为某传教士的据点，则其传教范围为所有标有 X 的格子。为不产生冲突，则第二个传教士的据点只能放在上图的空格子中。

			X	
X		X		
	A			
X		X		

图 8－15　传教区域

[输入数据]

输入文件 bishop.in 共一行，包含两个正整数 n 和 m($1\leqslant n,m\leqslant 10$)，代表国土的大小，$n$ 为水平区域数，m 为垂直区域数。

[输出数据]

输出文件 bishop.out 仅一行，包含一个正整数，即最多可以安置的传教士的数目。

[样例输入]

3 4

[样例输出]

6

[样例说明]

样例安置方案如下所示，X 表示为某传教士的据点。

```
X X X
0 0 0
0 0 0
X X X
```

[思路点拨]

本题和八皇后问题是十分类似的，也是采用搜索的方法求解，但状态数要比八皇后问题多得多。我们可以用同样的存储方式把所有的传教士的位置全部存在数组中,然后每次把当前位置与已经存在的传教士比较是否冲突,若冲突则继续进行下一格的传教士,直到最后一个格子。

判断两个格子是否在一条交叉线上的方式是,若两个格子的位置分别为($x1$,$y1$)($x2$,$y2$),那么这两个格子如果满足 $abs(x1-x2)=abs(y1-y2)$ 那么就在一条交叉线上。

[参考程序]

```
program work8_29(input,output);
const maxn=20;
varm,n,x,y:longint;
    top,tt,max:longint;
    sackx,stacky:array[1..maxn * maxn] of longint;
                                    //用来存储每个传教士的位置

procedure solve(p:longint);
     //p是将一个n * m的数组拉成一条直线后每个格子所对应的数组的位置
var i,x,y:longint;
   flag:boolean;
begin
  if p=m * n+1 then
  begin
    if tt>max then max:=tt;
    exit;
  end;
  y:= (p -1) mod m+1;
  x:= (p-1) div m +1;
  flag:=true;
  for i:=1 to top do
    if abs(stackx[i]-x) = abs (stacky[i]-y) then flag:=false;
                          //判断当前格是否和以前的传教士的位置冲突
  if not flag then solve(p+1)        //如果冲突直接进入下一次递归
             else begin
                  solve(p+1);  //这格不放传教士直接进入下一层递归
                   tt:=tt+1;
```

```
          //传教士的数量+1,这个放入传教士并进入下一层递归
          inc(top);
         stackx[top]:=x; stacky[top]:=y;
         solve(p+1);
         dec(top);      //退场,将所有数据还原
         tt:=tt-1;
       end;
end;

begin{main}
  assign(input,'bishop.in');
  reset(input);
  assign(output,'bishop.out');
  rewrite(output);
  readln(n,m);
  max:=0;
  solve(1);
  writeln(max);
  close(input);
  close(output);
end.
```

[程序测试]

输入:

2 2

输出:

2

输入:

5 5

输出:

8

30. 采药(medic)

[问题描述]

辰辰是个天资聪颖的孩子,他的梦想是成为世界上最伟大的医师。为此,他想拜

附近最有威望的医师为师。医师为了判断他的资质，给他出了一个难题。医师把他带到一个到处都是草药的山洞里对他说："孩子，这个山洞里有一些不同的草药，采每一株都需要一些时间，每一株也有它自身的价值。我会给你一段时间，在这段时间里，你可以采到一些草药。如果你是一个聪明的孩子，你应该可以让采到的草药的总价值最大。"

如果你是辰辰，你能完成这个任务吗？

[**输入格式**]

输入文件 medic.in 的第一行有两个整数 $T(1\leqslant T\leqslant 1000)$ 和 $M(1\leqslant M\leqslant 100)$，用一个空格隔开，$T$ 代表总共能够用来采药的时间，M 代表山洞里的草药的数目。接下来的 M 行每行包括两个在 1 到 100 之间(包括 1 和 100)的整数，分别表示采摘某株草药的时间和这株草药的价值。

[**输出格式**]

输出文件 medic.out 包括一行，这一行只包含一个整数，表示在规定的时间内，可以采到的草药的最大总价值。

[**样例输入**]

70 3

71 100

69 1

1 2

[**样例输出**]

3

[**数据规模**]

对于 30%的数据，$M\leqslant 10$；

对于全部的数据，$M\leqslant 100$；

[**思路点拨**]

这是一道经典的动态规划——0/1 背包问题。为了叙述方便我们可以将总时间描述成一个背包，每个药描述成一个物品，这个物品的重量就是采药所用的时间，这个物品的价值就是药品的价值。

我们用 $f[i,v]$ 表示状态。设 $f[i,v]$ 表示前 i 件物品恰放入一个容量为 v 的背包可以获得的最大价值。则其状态转移方程便是：

$f[i,v]=max\{f[i-1,v],f[i-1,v-c[i]]+w[i]\}$

"将前 i 件物品放入容量为 v 的背包中"这个子问题，若只考虑第 i 件物品的策略(放或不放)，那么就可以转化为一个只牵扯前 $i-1$ 件物品的问题。如果不放第 i 件物品，那么问题就转化为"前 $i-1$ 件物品放入容量为 v 的背包中"，价值为 $f[i-1,$

v]；如果放第 i 件物品，那么问题就转化为“前 $i-1$ 件物品放入剩下的容量为 $v-c[i]$ 的背包中”，此时能获得的最大价值就是 $f[i-1][v-c[i]]$ 再加上通过放入第 i 件物品获得的价值 $w[i]$。

优化空间复杂度：$f[i,v]$ 是由 $f[i-1,v]$ 和 $f[i-1,v-c[i]]$ 两个子问题递推而来，能否保证在推 $f[i],v]$ 时（也即在第 i 次主循环中推 $f[v]$ 时）能够得到 $f[i-1,v]$ 和 $f[i-1,v-c[i]]$ 的值呢？事实上，这要求在每次主循环中我们以 $v=v..0$ 的顺序推 $f[v]$，这样才能保证推 $f[v]$ 时 $f[v-c[i]]$ 保存的是状态 $f[i-1,v-c[i]]$ 的值。

［**参考程序**］

```
program work8_30(input,output);
var time:array[1..100] of longint;
    p:array[1..100] of longint;
    f:array[0..1000] of longint;
    i,ans,t,m,j:longint;

function max(a,b:longint):longint;
  begin
    if a>b then max:=a else max:=b;
  end;

begin{main}
  assign(input,'medic.in');
  assign(output,'medic.out');
  reset(input);
  rewrite(output);
  readln(t,m);
  for i:=1 to m do readln(time[i],p[i]);
  for i:=0 to t do f[i]:=0;
  for i:=1 to m do
    for j:=t downto time[i] do
      f[j]:=max(f[j],f[j-time[i]]+p[i]);
  ans:=0;
  for i:=1 to t do ans:=max(ans,f[i]);
  writeln(ans);
  close(input);
```

```
  close(output);
end.
```

[**程序测试**]

输入：

200 8

79 83

58 14

86 54

11 79

28 72

62 52

15 48

68 62

输出：

334

输入：

300 10

95 89

75 59

23 19

73 43

50 100

22 72

6 44

57 16

89 7

98 64

输出：

388

31. 取数字问题(number)

[**问题描述**]

给定 $M*N$ 的矩阵，其中的每个元素都是－10 到 10 之间的整数。你的任务是从左上角(1,1)走到右下角(M,N)，每一步只能向右或向下，并且不能走出矩阵的范围。你所经过的方格里面的数字都必须被选取，请找出一条最合适的道路，使得在路上被选取的数字之和是尽可能小的正整数。

［输入格式］

输入文件 number.in，第一行两个整数 M、N，$2\leqslant M$、$N\leqslant 10$，分别表示矩阵的行和列的数目。接下来的 M 行，每行包括 N 个整数，就是矩阵中的每一行的 N 个元素。

［输出格式］

输出文件 number.out 仅一行一个整数，表示所选道路上数字之和所能达到的最小的正整数。如果不能达到任何正整数就输出－1。

［样例输入］

2 2

0 2

1 0

［样例输出］

1

［思路点拨］

因为搜索出所有路径的时间复杂度为 C_{20}^{10}，所以可以直接采用深度优先搜索的方法。先将最优值设为 maxlongint，在搜索过程中，记录下当前的横纵坐标以及总和，当到达终点时，如果总和为正数，则将其与最优值相比较，取较小值。搜索完成后，如果最优值未改变，则赋为－1 输出，否则直接输出最优值。

［参考程序］

```
program work8_31(input,output);
const  maxn = 10;
type  node=record
        x,y,tt:longint;
      end;
var a:array[1..maxn,1..maxn] of longint;
    ans,i,j,m,n:longint;

procedure solve(x,y,tt:longint);    //递归深搜
begin
  if (x=n) and (y=m) then begin
    if (tt>0) and (tt<ans) then ans:=tt;
  end else
```

```
    begin
      if (x+1<=n) then solve(x+1,y,tt+a[x+1][y]);
      if (y+1<=m) then solve(x,y+1,tt+a[x][y+1]);
    end;
  end;

begin{main}
  assign(input,'number.in');
  reset(input);
  assign(output,'number.out');
  rewrite(output);
  readln(n,m);
  for i:=1 to n do
    for j:=1 to m do
      read(a[i][j]);
  ans:=maxlongint;
  solve(1,1,a[1,1]);
  if ans<>maxlongint then writeln(ans)
                     else writeln(-1);
  close(input);
  close(output);
end.
```

［程序测试］

输入：

2 2

0 0

0 −1

输出：

−1

输入：

8 9

9 3 0 8 9 10 5 8 9

6 8 −5 10 0 −5 6 9 3

8 6 1 8 5 4 0 2 -4

9 9 -6 4 -6 7 4 3 5

-1 7 1 8 2 7 2 10 7

6 -3 -3 7 1 7 8 9 0

0 7 0 2 -6 10 8 -8 5

3 10 8 8 9 2 9 6 4

输出：

15

32. 合并果子(fruit)

［**问题描述**］

在一个果园里，多多已经将所有的果子打了下来，而且按果子的不同种类分成了不同的堆。多多决定把所有的果子合成一堆。

每一次合并，多多可以把两堆果子合并到一起，消耗的体力等于两堆果子的重量之和。可以看出，所有的果子经过 $n-1$ 次合并之后，就只剩下一堆了。多多在合并果子时总共消耗的体力等于每次合并所耗体力之和。

因为还要花大力气把这些果子搬回家，所以多多在合并果子时要尽可能地节省体力。假定每个果子重量都为 1，并且已知果子的种类数和每种果子的数目，你的任务是设计出合并的次序方案，使多多耗费的体力最少，并输出这个最小的体力耗费值。

例如有 3 种果子，数目依次为 1、2、9。可以先将 1、2 堆合并，新堆数目为 3，耗费体力为 3。接着，将新堆与原先的第三堆合并，又得到新的堆，数目为 12，耗费体力为 12。所以多多总共耗费体力为 3+12=15。可以证明 15 为最小的体力耗费值。

［**输入格式**］

输入文件 fruit.in 包括两行，第一行是一个整数 $n(1\leqslant n\leqslant 30000)$，表示果子的种类数。第二行包含 n 个整数，用空格分隔，第 i 个整数 $a_i(1\leqslant a_i\leqslant 20000)$ 是第 i 种果子的数目。

［**输出格式**］

输出文件 fruit.out 包括一行，这一行只包含一个整数，也就是最小的体力耗费值。输入数据保证这个值小于 2^{31}。

［**样例输入**］

3

1 2 9

［**样例输出**］

15

［数据规模］

对于 30％的数据，保证有 $n \leqslant 100$；

对于 50％的数据，保证有 $n \leqslant 5000$；

对于全部的数据，保证有 $n \leqslant 30000$；

［思路点拨］

本题可以采用贪心算法求解。

用 a 数组记录原来的重量，用 b 数组记录合并后的新堆，用 i、j 分别作指针，记录 a、b 两数组的进度(其中 i、j 以前的就没有了)。

那么，每次合并只有两种选择，合并 $a[i]$，$a[i+1]$或者合并 $b[j]$，$a[i]$，根据贪心思想，应该合并重量较小的这种方法无需多次排序，所以效率当然就高了。

［参考程序］

```
program work8_32(input,output);
var   n,i,j,k:longint;
      a:array[0..100000] of longint;
      b:array[0..100000] of int64;
      x:int64;

procedure qsort(l,r:integer);          //快速排序
var
  i,j,x,y:longint;
begin
  i:=l;
  j:=r;
  x:=a[(i+j) div 2];
  repeat
    while a[i]<x do inc(i);
    while a[j]>x do dec(j);
    if i<=j then
      begin
        y:=a[i]; a[i]:=a[j]; a[j]:=y;
        inc(i);   dec(j);
      end;
   until i>j;
   if i<r then qsort(i,r);
```

```
    if j>l then qsort(l,j);
  end;

  begin{main}
    assign(input,'fruit.in');
    reset(input);
    assign(output,'fruit.out');
    rewrite(output);
    readln(n);
    fillchar(b,sizeof(b),0);
    for i:=1 to n do read(a[i]);
    qsort(1,n);
    b[1]:=a[1]+a[2];
    i:=3;j:=1;
    for k:=2 to n-1 do  {一直合并到只剩一堆}
    begin
      if (((j+1)<k)and(b[j+1]<a[i]))or(i>n) then  {合并 b[j],b[j+1],
条件是:b[j+1]已经存放果子且它的权值小于 a 堆当前项 或 a 堆已经合并完}
      begin
        b[k]:=b[j]+b[j+1];
        inc(j,2);
        continue;
      end;
      if (((i+1)<=n)and(a[i+1]<b[j]))or (j>=k) then  {合并 a[i],a[i+
1],条件是:a[i+1],a[i]都存在且权值满足关系 或 b 堆已经合并完}
      begin
        b[k]:=a[i]+a[i+1];
        inc(i,2);
        continue;
      end;
      b[k]:=a[i]+b[j];{如果以上两种情况都不行,那么就合并 a[i],b[j]}
      inc(i);inc(j);
    end;
    for k:=1 to n-1 do x:=x+b[k];
```

```
  writeln(x);
  close(input);
  close(output);
end.
```

[**程序测试**]

输入：

20

5　9　14　2　18　12　3　11　13　18　4　16　14　19　20　17　14　5　1　18

输出：

959

输入：

30

18　2　10　1　1　15　6　13　3　3　11　18　2　12　15　13　18　17　15

19　8　3　15　17　11　16　14　8　7　16

输出：

1534

33. 合唱队形(chorus)

[**问题描述**]

N 位同学站成一排，音乐老师要请其中的($N-K$)位同学出列，使得剩下的 K 位同学排成合唱队形。

合唱队形是指这样的一种队形：设 K 位同学从左到右依次编号为 1，2，…，K，他们的身高分别为 T_1，T_2，…，T_K，则他们的身高满足 $T_1<T_2<\cdots<T_i$，$T_i>T_{i+1}>\cdots>T_K$ ($1\leqslant i\leqslant K$)。

你的任务是，已知所有 N 位同学的身高，计算最少需要几位同学出列，可以使得剩下的同学排成合唱队形。

[**输入文件**]

输入文件 chorus. in 的第一行是一个整数 N($2\leqslant N\leqslant 100$)，表示同学的总数。第一行有 n 个整数，用空格分隔，第 i 个整数 T_i($130\leqslant T_i\leqslant 230$)是第 i 位同学的身高(厘米)。

[**输出文件**]

输出文件 chorus. out 包括一行，这一行只包含一个整数，就是最少需要几位同学出列。

[**样例输入**]

10

130 130 174 130 185 230 206 219 210 173

［样例输出］

3

［数据规模］

对于 50%的数据，保证有 $n \leqslant 20$；

对于全部的数据，保证有 $n \leqslant 100$；

［思路点拨］

先用动态规划求出以每个人为初始点的最长左下降序列和右下降序列，然后比较每个人的下降序列和最大的记为 max:=opt1[i]+opt2[i]−1，再输出 n−max。为什么 max 要减 1 呢？因为在左边加右边的时候两次都加了中间那个人，所以中间的人算了两次要减去一次。

［参考程序］

```
program work8_33(input,output);
const  maxn = 100;
var a,opt1,opt2:array[1..maxn] of longint;
    n,ans,i,j:longint;

function max(a,b:longint):longint;
begin
  if a>b then max:=a
          else max:=b;
end;

begin{main}
  assign(input,'chorus.in');
  assign(output,'chorus.out');
  reset(input);
  rewrite(output);
  readln(n);
  for i:=1 to n do read(a[i]);
  fillchar(opt1,sizeof(opt1),0);
  fillchar(opt2,sizeof(opt2),0);
  for i:=1 to n do
  begin
```

```
    opt1[i]:=1;
    for j:=1 to i-1 do
      if a[i]>a[j] then opt1[i]:=max(opt1[j]+1,opt1[i]);
  end;
  for i:=n downto 1 do
  begin
    opt2[i]:=1;
    for j:=i+1 to n do
      if a[i]>a[j] then opt2[i]:=max(opt2[j]+1,opt2[i]);
  end;
  ans:=0;
  for i:=1 to n do
    ans:=max(opt1[i]+opt2[i]-1,ans);
  writeln(n-ans);
  close(input);
  close(output);
end.
```

[程序测试]

输入：

8

186 186 150 200 160 130 197 220

输出：

4

输入：

20

130 140 150 160 170 180 190 200 210 220 221 222 223 224 225 226 227 228 229 230

输出：

0

第 9 章 数据结构初步

一、基础知识题

1. 若已知一个栈的入栈顺序是 1,2,3,…,n,其输出序列为 $p_1,p_2,p_3,\cdots,p_n$,若 p_1 是 n,则 p_i 是 （　　）

a. i　　b. $n-1$　　c. $n-i+1$　　d. $n-$i　　e. 不确定

2. 设一个栈,其元素进栈的次序为 a,b,c,d,e,则下列出栈序列不可能的是 （　　）

a. $\{c,e,a,b,d\}$　　b. $\{c,b,a,d,e\}$　　c. $\{d,c,a,b,e\}$

d. $\{a,c,b,e,d\}$　　e. $\{a,b,c,d,e\}$

3. 已知元素(8,25,14,87,51,90,6,19,20),问这些元素以怎样的顺序进入栈,才能使出栈的顺序满足:8 在 51 前面;90 在 87 的后面;20 在 14 的后面;25 在 6 的前面;19 在 90 的后面 （　　）

a. 20,6,8,51,90,25,14,19,87

b. 51,6,19,20,14,8,87,90,25

c. 19,20,90,7,6,25,51,14,87

d. 6,25,51,8,20,19,90,87,14

e. 25,6,8,51,87,90,19,14,20

4. 已知队列(13,2,11,34,41,77,5,7,18,26,15),第一个进入队列的元素是 13,则第五个出队列的元素是 （　　）

a. 5　　b. 41　　c. 77　　d. 13　　e. 18

5. 设循环队列用数组 $a[m]$存储,front 和 rear 分别表示队头和队尾,则当前队列中的元素个数为 （　　）

a. rear－front　　b. rear－front＋1

c. (rear－front) mod m　　d. (rear－front＋1＋m) mod m

e. (rear－front＋m) mod m

6. 设栈 s 和队列 q 初始状态为空,元素 e_1,e_2,e_3,e_4,e_5,e_6 依次通过栈 s,一个元素出栈后即进入队列 q,若出队的顺序为 e_2,e_4,e_3,e_6,e_5,e_1,则栈 s 的容量至少应该为 （　　）

a. 2　　b. 3　　c. 4　　d. 5　　e. 6

7. 一个高度为 h 的二叉树最小元素数目是　　(　　)

a. $2h+1$　　b. h　　c. $2h-1$　　d. $2h$　　e. $2h-1$

8. 按照二叉数的定义，具有 3 个结点的二叉树有(　　)种。

a. 3　　b. 4　　c. 5　　d. 6　　e. 2

9. 假设我们用 d=(a1,a2,…,a5)表示无向图 g 的 5 个顶点的度数，下面给出的哪(些)组 d 值合理　　(　　)

a. {5,4,4,3,1}　　b. {4,2,2,1,1}

c. {3,3,3,2,2}　　d. {5,4,3,2,1}

e. {2,2,2,2,2}

10. 在一个有向图中，所有顶点的入度之和等于所有顶点的出度之和的(　　)倍。

a. 1/2　　b. 1　　c. 2　　d. 4

11. 一棵二叉树的高度为 h，所有结点的度为 0 或 2，则此树最少有(　　)个结点。

a. 2^h-1　　b. $2h-1$　　c. $2h+1$　　d. $h+1$

[答案及解析]

1. c　2. a　3. d　4. b　5. d　6. b　7. b　8. a　9. be　10. b　11. b

二、编程题

1. 编码问题

设有一个整型数组 $a[0..n-1]$，数组中存储的元素为 $0\sim n-1$ 之间的某个整数，且所有元素都各不相同。如果给数组 a 的每个元素的编码定义如下：$a[0]$的编码为 0，$a[i]$的编码为 $a[0]$，$a[1]$，…，$a[i-1]$中比 $a[i]$的值小的元素个数，$1\leqslant i\leqslant n-1$。

输入 n 及数组 a，求这个数组元素的对应编码。

例如输入：6

　　4 3 0 5 1 2

输出：0 0 0　3 1 2

[思路点拨]

本题只要根据编码的定义，用数组模拟一下这个计算过程就可以得到答案。

[参考程序]

```
program work9_1(input,output);
const maxn = 10000;
var a,ans:array[1..maxn] of longint;
```

```
        //a 数组用来记录这个数表 ans 用来记录这个答案,存下每个答案的值
    i,j,n:longint;
begin
  readln(n);
  for i:=1 to n do read(a[i]);
  fillchar(ans,sizeof(ans),0);
  for i:=2 to n do
    for j:=1 to i-1 do
      if a[j]<a[i] then inc (ans[i]);          //符合条件就把答案加一
  write(ans[1]);
  for i:=2 to n do
    write(' ',ans[i]);
  writeln;
end.
```

[程序测试]

输入:

10

87 37 47 29 10 238 382 2739 92 88

输出:

0 0 1 0 0 5 6 7 5 5

2. 特殊数列

写出两个 1,然后在它们中间插入 2 成为 121,下一步是在任意两个相邻的和数为 3 的数之间插入 3,成为 13231,再下一步又在任意两个相邻的和数为 4 的数之间插入 4,成为 1432341,…

编程输入 n,$1\leqslant n\leqslant 500$,求出用上面方法构造出来的序列,其最后插入的数为 n。

[思路点拨]

本题要求在一串数字之间不断插入数据,要动态地将数据插入,考虑到插入一个数据后所有的数据要全部往后移动一位,所以自然地考虑到用链表来实现这个算法。

假设已经形成 13231 后,下一步要在任意两个相邻的和数为 4 的数之间插入 4,其过程如图 9-1 所示。

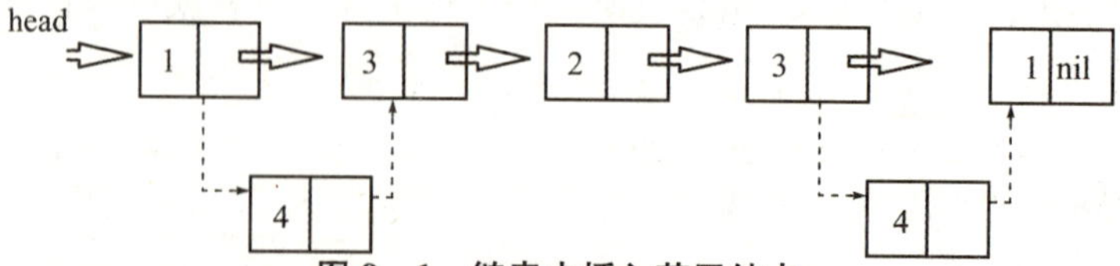

图 9-1　链表中插入若干结点

[参考程序]

```
program work9_2(input,output);
type pointer=^pointtype;
      pointtype=record
                  data:longint;
                  next:pointer;
                end;
var head,tail:pointer;
    n:longint;

procedure pretreatment;
  begin
    new(head); head^.data:=1;
    new(tail); tail^.data:=1; tail^.next:=nil;
    head^.next:=tail; //序列初始情况为 1 1 所以 head、tail 存储的 data 值均为 1
    readln(n);
  end;

procedure solve;
  var i:longint;
      p,q:pointer;
  begin
    for i:=2 to n do                  //i 表示当前向队列中插入的数
      begin
        p:=head;                      //P 指向当前处理到的数
        while p^.next<>nil do
          begin
            if p^.data+p^.next^.data=i then
             begin
                new(q);q^.data:=i; //q 存储待出入的数
                q^.next:=p^.next;    //q 的下一个是当前 P 的下一个
                p^.next:=q;
                p:=q^.next;            //P 指针下一次指向的位置应该跳过 q
                continue;
```

```
                    //由于已经给 p 重新定位了,需要跳过 p:=p^.next 这条语句
               end;
            p:=p^.next;
          end;
      end;
  end;

procedure print;
  var p:pointer;
  begin
    write(head^.data);
                    //要求一行输出,为了避免多余空格,第一个输出的数无空格
    p:=head^.next;
    while p<>nil do
      begin
        write(' ',p^.data);  //从第二个数开始的每一个数都有一个前导空格
        p:=p^.next;
      end;
    writeln;
  end;

begin{main}
  pretreatment;              //预处理
  solve;                     //向序列中插数
  print;                     //输出
end.
```

[**程序测试**]

输入:

5

输出:

1 5 4 3 5 2 5 3 4 5 1

输入:

9

输出：

1 9 8 7 6 5 9 4 7 3 8 5 7 9 2 9 7 5 8 3 7 4 9 5 6 7 8 9 1

3. 魔术师与扑克问题

13张黑桃扑克(a 2 3 4 5 6 7 8 9 10 j q k)，预先排好，正面朝下拿在魔术师的手里，从最上面开始，第一次数一张牌翻过来放在桌面上，正好是“a”；第二次数两张牌，数1的那张放在手中扑克的最下面，数2的那张翻过来放在桌面上正好是“2”；……，如此下去，放在桌面上的牌最后正好是“a 2 3 4 5 6 7 8 9 10 j q k”的顺序(从下向上)。请编程输出魔术师手中扑克原来的排列顺序(从下向上)。

［**思路点拨**］

要从一个数开始逐个往后扫描i个位置，可以用数组来维护这个算法。不过，初始的时候要将数组全部赋成“#”，这样我们只要从那个位置开始，不停跳过i个位置，如果是已经处理过的位置那么就跳过。

［**参考程序**］

```
program work9_3(input,output);
const maxn=13;
        goal:array[1..maxn] of char
              =('a','2','3','4','5','6','7','8','9','0','j','q','k');
var   a:array[1..maxn] of char;
      i,j,k,next:longint;
begin
  fillchar(a,sizeof(a),'#');  //给a数组赋上#号
  k:=0;
  for i:=1 to maxn do
  begin
     j:=i;
     while j>0 do
     begin
        inc(k);
        if k>maxn then k:=1;
        if a[k]='#' then dec(j);
                                   //找下面一个数据如果是一个#就计数否则跳过
     end;
     a[k]:=goal[i];
  end;
```

```
  for i:=maxn downto 2 do  //输出结果考虑头尾空格的问题
    if a[i]='0' then write(10,' ')
                else write(a[i],' ');
  if a[1]='0' then writeln(10)
              else writeln(a[1]);
  readln
end.
```

［程序测试］

输入：

无

输出：

k 6 7 4 9 j q 3 10 5 2 8 a

4. 狐狸的难题

围绕着山顶有10个洞，一只兔子和一只狐狸各住一个洞，狐狸总想吃掉兔子。一天兔子对狐狸说，你想吃我有一个条件，第一次隔一个洞找我，第二次隔两个洞找我，以后依次类推，次数不限。若能找到我，你就可以饱餐一顿，在没找到我之前不能停止。狐狸一想只有10个洞，寻找的次数又不限，哪有找不到的道理，就答应了条件，结果就是没找着。现在，假定狐狸找了1000次，请编程找出兔子躲在哪个洞里才安全。

［思路点拨］

用一个数组模拟找的过程，每次从某个位置开始，直接加上前进的位置，然后将该为直接赋值为false，直到循环了1000次。

［参考程序］

```
program work9_4(input,output);
var find:array[1..10] of boolean;  {用来记录第i号洞是否被狐狸找过}
    count,i:longint;
begin
  fillchar(find,sizeof(find),true);   {开始所有洞都没有被找过}
  count:=1;     {count表示狐狸当前在哪一个洞，第一次在第一个洞找兔子}
  find[count]:=false;     {该洞穴已被找过}
  for i:=1 to 1000 do          {从1到1000穷举狐狸找兔子相隔的洞穴数}
  begin
    count:=(count + i) mod 10+1 ;  {狐狸下一次去的洞穴序号}
    find[count]:=false;             {该洞穴已被找过}
```

```
  end;
  for i:=1 to 10 do
    if find[i] then write(i:8);  {找出没有被找过的洞穴}
  writeln;
end.
```

［程序测试］

输入：

　　无

输出：

2 4 7 9

5. 程序员终端编辑

程序员输入程序，出现差错时可以采取以下的补救措施：敲错了一个键时，可以补敲一个退格符“#”，以表示前一个字符无效；发现当前一行有错，可以敲入一个退行符“@”，以表示“@”与前一个换行符之间的字符全部无效。如在终端上输入了这样两行字符：

```
prkj##ogran#m lx;
var@const n:#=10;
```

则实际有效的是：

```
  program lx;
    const n=10;
```

编程任务：从文件 edit.in 中输入数据，数据有若干行，每行有若干字符，表示程序员在终端上输入的字符，把实际有效的字符输出到文件 edit.out 中。

［思路点拨］

对各个操作的分析不难看出，这些操作都有一个特点，都是对输入的一行的前面相邻的的字符进行操作的，所以可以是先进入的字符后处理，这个操作符合栈的基本想法，所以我们可以用栈来维护这些操作。

读入一个字符则栈顶元素直接增加一个，#弹出栈顶元素，@将栈清空。

［参考程序］

```
program work9_5(input,output);
var      s:string;
         stack:array[1..100] of char;    //stack 是栈
         i,l,top:longint;                //top 是栈的栈顶指针,l 是每行的长度

procedure setup;
```

```
begin
        assign(input,'edit.in');
        reset(input);
        assign(output,'edit.out');
        rewrite(output);
end;

procedure endit;
begin
        close(input);
        close(output);
end;

procedure work;
begin
  while not eof do                          //如果文件未结束,就重复做
  begin
    readln(s);
    top:=0;
    l:=length(s);
    for i:=1 to l do                        //处理一行
    begin
      if s[i]='#' then top:=top-1           //弹去栈头元素
        else if s[i]='@' then top:=0        //清空
                            else begin      //往栈中插入一个元素
                                   top:=top+1;
                                   stack[top]:=s[i];
                                 end;
    end;
    for i:=1 to top do                      //输出这一行
     write(stack[i]);
    writeln;
  end;
end;
```

```
begin{main}
   setup;
   work;
   endit;
end.
```

[程序测试]

输入：

```
prkj##ogran#m   lx;
var@const   n:#=10;
begin
end#d.
```

输出：

```
program   lx;
const   n=10;
begin
end.
```

6. 分油问题

设有大小不等的 3 个无刻度的油桶，分别能够存 x、y、z 升油。初始时，第一个油桶盛满油，第二、第三个油桶为空。编程寻找一种最少步骤的分油方法，在某一个油桶上分出 *targ* 升油。

输入一行，共 4 个整数，依次表示 x、y、z、*targ*，每个数之间用一个空格隔开。

输出解的情况，如果无解输出"unable"；如果有解，则输出分油方法（每一步三个油桶的状态）；如果解不唯一也只要输出任一个解。

比如输入：

60 40 30 10

则输出：

60 0 0

20 40 0 （先从 1 倒到 2 号桶）

20 10 30（再将 2 倒到 3 号桶）

[思路点拨]

本题采用宽度优先搜索的方法来实现。用一个队列维护每个油桶中的油量，然后每次取出队头元素，得到一些这个状态能够生成的新状态，并判断这些状态是不是可以并且是否已经出现过，出现过显然是不需要的。

［参考程序］

```
program work9_6(input,output);
const maxn=5000;
type stationtype=array[1..3] of integer;
      elementtype=record
                     station:stationtype;      //每次分油的状态
                     out,into:1..3;     //out 记录每次分的有从哪个容
器出来,into 用来存每个容器到往哪里,这里是为了输出的方便
                     father:integer
                        //用来存从队列的那个位置拓展出来便于输出
                  end;
      queuetype=array [1..maxn] of elementtype;  //这是一个队列的类型
var current,born:elementtype;
    q:queuetype;                         //申请一个队列
    full,w,w1:stationtype;
              //full 表示每个油桶容量,w、w1 为临时的容量便于转移方便
    i,j,k,remain,targ,front,rear:integer;
                                   //front 为队头指针,rear 为队尾指针
    found:boolean;                      //判断某种状态是否出现过

procedure addq(var q:queuetype;var rear:integer; n:integer; x:elementtype);
                                          //往队列中插入一个元素 x
begin
   if rear=n
      then begin writeln('queue full!'); halt end
      else begin rear:=rear+1; q[rear]:=x end
end;

procedure deleteq(var q:queuetype; var front:integer; rear,n:integer; var x:
elementtype);                    //删除队列中的一个与元素并判断队列是否不满
begin
   if front=rear
      then begin writeln('queue empty!'); halt end
      else begin front:=front+1; x:=q[front] end
```

```
end;

function dup(w:stationtype;rear:integer):boolean;
        //判断 w 正中状态在队列前面是否出现过,出现过再操作时没有意义的
var i:integer;
begin
    i:=1;
    while (i<=rear) and ((w[1]<>q[i].station[1]) or
          (w[2]<>q[i].station[2]) or (w[3]<>q[i].station[3])) do i:=i+1;
    if i<=rear then dup:=true else dup:=false
end;

procedure print(k:integer);      //逆序输出这个分油过程 为递归输出的过程
var i:integer;
begin
    if k>0 then
    begin
          print(q[k].father);
          for i:=1 to 3 do write(q[k].station[i]:5);
          writeln
    end
end;

begin {main}
    writeln('1    2    3 ',' targ');
    readln(full[1],full[2],full[3],targ);
    found:=false;front:=0;rear:=1;
    q[1].station[1]:=full[1];q[1].station[2]:=0;
    q[1].station[3]:=0;q[1].father:=0;          //初始化队列
    while (front<rear) and not(found) do
    begin
          deleteq(q,front,rear,maxn,current);  //弹出队头元素
          w:=current.station;  //记录下这个状态便于表达
          for i:=1 to 3 do       //分步处理能转移到的下一个状态
```

```
        for j:=1 to 3 do
          if (i<>j) and (w[i]>0) and (w[j]<full[j]) and not(found) then
          begin
            w1:=w; remain:=full[j]-w[j];
            if w[i]>remain
            then begin
                w1[j]:=full[j];
                w1[i]:=w[i]-remain
              end
            else begin
                w1[i]:=0;
                w1[j]:=w[j]+w[i]
              end;
            if not(dup(w1,rear)) then
            begin
                born.station:=w1;
                born.out:=i;
                born.into:=j;
                born.father:=front;
                addq(q,rear,maxn,born);
                for k:=1 to 3 do
                  if w1[k]=targ then found:=true
            end
          end
    end;
    if not(found) then writeln('unable!')
               else print(rear);
    readln
end.
```

［程序测试］

输入：

80 50 30 40

输出：

80　0　0

30 50　0

30 20 30

60 20　0

60　0 20

10 50 20

10 40 30

7. 约瑟夫的新问题

[问题描述]

将 1～m 这 m 个自然数按由小到大的顺序沿顺时针方向围成一圈。以 s 为起点，先沿顺时针方向数到第 n 个数就出圈，然后再沿逆时针方向数到第 k 个数再出圈，再沿顺时针方向数到第 n 个数就出圈，然后再沿逆时针方向数到第 k 个数再出圈，…。这样按顺时针方向和逆时针方向不断出圈，直到全部数都出圈为止。

请打印先后出圈的数的序列。

[问题输入]

输入 m,s,n,k。m 不超过 1000。

[问题输出]

输出一行若干个数，表示先后出圈的数的序列，每个数之间用 1 个空格。

[输入样例]

8　1　3　2

[输出样例]

3　1　5　2　7　4　6　8

[样例解释]

先从 1 开始沿顺时针方向数到 3，所以 3 先出圈；再从 2 开始沿逆时针方向数到 1，所以 1 出圈；再从 2 开始沿顺时针方向数到 5，所以 5 出圈；再从 4 开始沿逆时针方向数到 2，所以 2 出圈，……

[思路点拨]

用一个双向链表来维护这个队伍，每次模拟题中所给出的过程即可。

假设 $n=5$，那么这个链表初始的时候如图 9－2 所示。

[参考程序]

```
program work9_7(input,output);
type  pnode=^node;
          node=record                              {双向循环链表的结点类型}
        id:integer;
            next:array[0..1] of pnode;{顺时针方向和逆时针方向的后继指针}
```

```
        end;
var  root ,tail,start:pnode;
                {双向循环链表的队首指针和队尾指针,起点数的结点指针}
     n,i,s:integer;          {n—连续自然数的个数,s—由 s 开始报数}
     mk:array[0..1] of integer;
                  {mk[0]—顺时针的步长值,mk[1]—逆时针的步长值}

procedure add_node(id:integer);     {该过程将自然数 id 加入双向循环链表}
var  p:pnode;
begin
    new(p);                          {为自然数 id 申请内存}
    p^.id:=id;                       {p 结点加入双向循环链表}
    p^.next[1]:=root;
    p^.next[0]:=tail;
    if root<>nil
      then begin                    {设定双向循环链表的队首指针和队尾指针}
         root^.next[0]:=p;
            tail^.next[1]:=p;
           end
      else root:=p;
   tail:=p;
end;
```

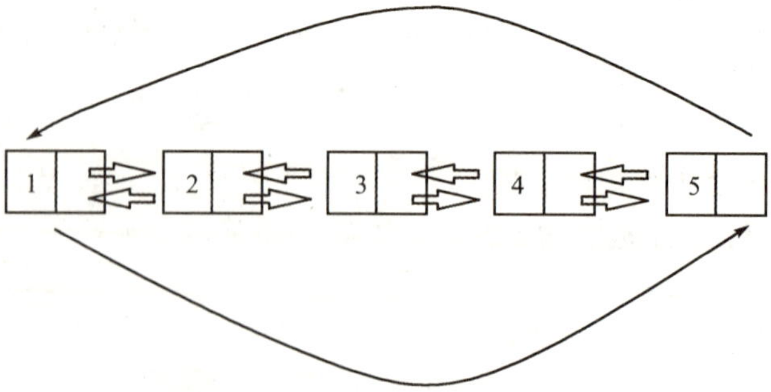

图 9－2　双向链表的初始状态

function get_dulist(s:integer;la:pnode):pnode;{计算初始结点,由于报数从 s 开始,因此首先必须在以 la 为首结点的双向循环链表中计算出第 s 个结点的地址}

```
var  p:pnode;j:integer;
begin
     p:=la;j:=1;
     while (p^.next[0]<>la)and(j<s) do
       begin p:=p^.next[0];j:=j+1 end;
     if j=s then get_dulist:=p
            else get_dulist:=nil;
end;

function delete(flag:integer;node:pnode):pnode;
```

{队员出列,设当前开始报数的结点为 node,报数的方向为 flag(=0 时顺时针,=1时逆时针)。函数 delete(flag, node)完成如何删去下一个数,并返回其 flag 方向相邻的结点指针}

```
var  p:pnode;
     i:integer;
begin
   p:=node;                       {沿 flag 方向计算下一个出列数的结点 p}
   for i:=1 to mk[flag] do p:=p^.next[flag];
   p^.next[0]^.next[1]:=p^.next[1];      {从双向循环链表中删去结点 p }
   p^.next[1]^.next[0]:=p^.next[0];
   delete:=p^.next[flag];                {返回 p 在 flag 方向相邻的结点指针}
   write(p^.id,' ');                     {输出列数}
   dispose(p);                           {释放结点 p}
end;
```

{我们通过调用 n 次 delete 函数,便可以完成出列顺序的计算。第一次调用时,方向数设为 0,开始报数的结点设为 start。以后每一次调用方向数取反,指针指向当前开始报数的结点。这样依次类推,直至所有数出列为止}

```
begin{main}
   readln(n,s,mk[0],mk[1]);
                        {读自然数的个数、起点数、顺时针步长值、逆时针步长值}
   for i:=n downto 1 do add_node(i);           {构造出双向循环链表}
   start:=get_dulist(s,root);          {计算起点数的结点指针}
   i:=0;            {由顺时针开始报数}
```

```
    while n>1 do                {若剩余数大于1,则循环}
    begin
      start:=delete(i,start);
{从 start 结点出发，沿方向 i 删去下一个数,并返回其 i 方向相邻的结点指针}
      i:=1-i;n:=n-1;              {方向数取反,剩余数-1}
    end;
    writeln(start^.id);          {输出最后一个出列数}
    dispose(root);
    readln;
end.
```

［程序测试］

输入：

40 5 8 2

输出：

12 10 19 17 26 24 33 31 40 38 7 5 16 14 27 23 36 34 6 3 20 15 32 29 8 2 25 21 4 39 30 22 18 11 28 9 1 35 13 37

8. 最少运算次数(min)

［问题描述］

设有数 2、3、5、7、13，运算符号为+、-、* ，且运算符无优先级之分，每个数可以用无数次，如 2+3*5=25，3*5+2=17。现给出任意一个整数 n，要求用以上的数和运算符，以最少的运算次数产生出。

［问题输入］

输入文件 min.in 只有 1 个整数 n。

［问题输出］

输出文件 min.out 只有一行，是满足条件的一个表达式，如 25=2+3*5。如果满足条件的表达式不唯一，只要输出任意一个即可；如果无解，则输出“no answer”。

［思路点拨］

我们可以采用宽度优先搜索的算法来实现这个问题，将队头元素弹出，然后将它与 2、3、4、5、13 相加、减、乘，得到一些新的状态，然后每次判断这些状态是否出现过，没出现过则将这个状态直接压入队列进行下次扩展。

存储的时候，要将每次扩展的方法(即加、减、乘的符号)要记下来便于每次输出比较方便。

下面的参考程序对算法进行了优化，思想类似于“求丑数”的方法，具体请阅读参考程序中的细节及注释。

[参考程序]

```
program   work9_8(input,output);
type    queue=record                    //一个队列的类型
                   num:integer;           //得到的值
                   link:integer;          //从队列的哪个位置推到这个状态的
                   ope:0..3;              //是什么符号推得的
                end;
var    q:array [1..10900] of queue;    //这是一个队列用来存状态
        a:array [1..5] of 2..13;
        t:array [1..8] of queue;
        f:array [1..10010] of boolean;
        top,k,i,j,n,head,tail:integer;

procedure print;                         //输出过程 逆序将表达式输出
begin
      k:=0;
      top:=head;
      while top>5 do
      begin
            inc(k);
            t[k]:=q[top];
            top:=q[top].link;
      end;
      case t[k].ope of   //先输出第一个数为一个数+一个符号+一个数的形式
        1:begin write(q[top].num,'+',t[k].num-q[top].num); end;
        2:begin write(q[top].num,'-',t[k].num+q[top].num); end;
        3:begin write(q[top].num,'*',t[k].num div q[top].num); end;
      end;
      for i:=k-1 downto 1 do   //之后每步输出但是要输出一个符号+一个数
      begin
            case t[i].ope of
              1:begin write('+'); write(t[i].num-t[i+1].num); end;
              2:begin write('-'); write(t[i+1].num-t[i].num); end;
              3:begin write('*'); write(t[i].num div t[i+1].num); end;
```

```
            end;
        end;
        close(input);
        close(output);
end;

begin{main}
        fillchar(q,sizeof(q),0);
        fillchar(f,sizeof(f),0);
        a[1]:=2; a[2]:=3; a[3]:=5; a[4]:=7; a[5]:=13;
        for i:=1 to 5 do                         //初始化队头
        begin
          q[i].num:=a[i];
          f[q[i].num]:=true;
        end;
        assign(input,'min.in');
        reset(input);
        assign(output,'min.out');
        rewrite(output);
        readln(n);
        if n>32767 then begin writeln('overflow error!'); halt; end;
        if (n=2) or (n=3) or (n=5) or (n=7) or (n=13) then
        begin                                    //这几个数要特殊处理
          writeln(0);
          halt;
        end;
        head:=1;
        tail:=5;                                 //初始化队列
        while head<=tail do
        begin
              if q[head].num=n then begin print; halt; end;
              for i:=1 to 5 do
              begin
                    inc(tail);
```

```
            q[tail].num:=q[head].num*a[i];
                                        //将乘法压入队列看是否合法
            if (q[tail].num>0) and (q[tail].num<10010) then
            begin
                q[tail].link:=head;
                q[tail].ope:=3;
                if f[q[tail].num] then dec(tail) else f[q[tail].num]:=true
                                        //如果出现过则弹出队列
            end
            else dec(tail);
            inc(tail);
            q[tail].num:=q[head].num+a[i];//将加法压入队列
            if (q[tail].num>0) and (q[tail].num<10010) then
            begin
                q[tail].link:=head;
                q[ tail].ope:=1;
                if f[q[tail].num] then dec(tail) else f[q[tail].num]:=true
                                        //如果出现过则弹出队列
            end
            else dec(tail);
            inc(tail);
            q[tail].num:=q[head].num-a[i];    //将减法压入队列
            if (q[tail].num>0) and (q[tail].num<10010) then
            begin
                q[tail].link:=head;
                q[tail].ope:=2;
                if f[q[tail].num] then dec(tail) else f[q[tail].num]:=true\
                                        //如果出现过则弹出队列
            end
            else dec(tail);
        end;
        inc(head);
    end;
writeln('no answer');
```

```
close(input);
close(output);
end.
```

［程序测试］

输入：

17

输出：

2*2+13

输入：

43

输出：

2*3*5+13

9. 扑克牌游戏

小强玩一种扑克牌游戏。n张扑克分别记上1,2,…,n,他打开第一张是1,把它放在一边;然后把最上面2张一张一张地依次移到最后,打开上面一张刚好是2,再放到一边;然后把上面3张一张一张地移到最后,打开上面一张刚好是3,再放到一边;……如此继续下去,直到打开最后一张是n,放在一边,这时他发现,放到一边的扑克刚好是1,2,…,n这样排列的。他想知道:这些扑克原来是怎么排列的,请编程帮助他完成这个任务。

［思路点拨］

由于已经知道了扑克取出的顺序,所以只需得到扑克原位置序号的取出顺序,就可求解。扑克原位置为1—n,第一个取出的必然是第一张,将其余$n-1$个位置序号依次入队,按照要求所述,分别将2、3、4…张移入队尾后,每次取出一张,把取出的位置序号依次存入数组b中,$b[i]$代表第i张取出的牌的原位置序号。用$c[i]$来表示i的原位置序号,因为第i张取出的牌为i,所以$c[b[i]]=i$。

［参考程序］

```
program   work9_9(input,output);
var a,b,c:array[1..1000] of integer;
i,j,t,h,n:integer;
begin
  readln(n);
  for i:=1 to n do a[i]:=i;
  h:=2;t:=n;
```

```
  b[1]:=1;                  {第1个入队元素}
  for i:=2 to n do          {还有2～n个数要入队}
  begin
    for j:=1 to i do        {把i张扑克一张一张移到后面}
    begin
      inc(t);a[t]:=a[h];{从队列前面逐个把扑克i移到队列后面}
      inc(h);     {修改指向的第一张}
    end;
    b[i]:=a[h];  {把扑克i放在一边}
    inc(h);
  end;
  for i:=1 to n do c[b[i]]:=i;
  for i:=1 to n-1 do write(c[i],' ');
  writeln(c[n]);
end.
```

[**程序测试**]

输入：

5

输出：

1 4 5 2 3

输入：

9

输出：

1 8 6 2 9 4 5 3 7